新装版

合気神髄

合気道開祖・植芝盛平語録

植芝吉祥丸 監修

八幡書店

不屈の気魂を燃やす——70歳ごろ

杖を手に「天神楽」を舞う——79歳

気むすびなして相手を導く——85歳

入魂の神髄演武——84歳

入り身の神髄——83歳

相手を気で抑える——76歳

入り身投げ——85歳

呼吸投げ——84歳

呼吸投げ――53歳

大東流を習得したころ——33歳ごろ

「皇武館」時代——52歳前後

綾部「植芝塾」時代——38歳前後

戦時下、一時「植芝守高」を名のっていたころ——57歳ごろ

大本教教祖・出口王仁三郎師と開祖——50歳ごろ

旧本部道場で並んで座す開祖と妻はつ——開祖77歳前後

合気道の来し方、行く末を語りあう開祖と道主——開祖72歳・道主34歳ごろ

開祖遺墨

「武　神」

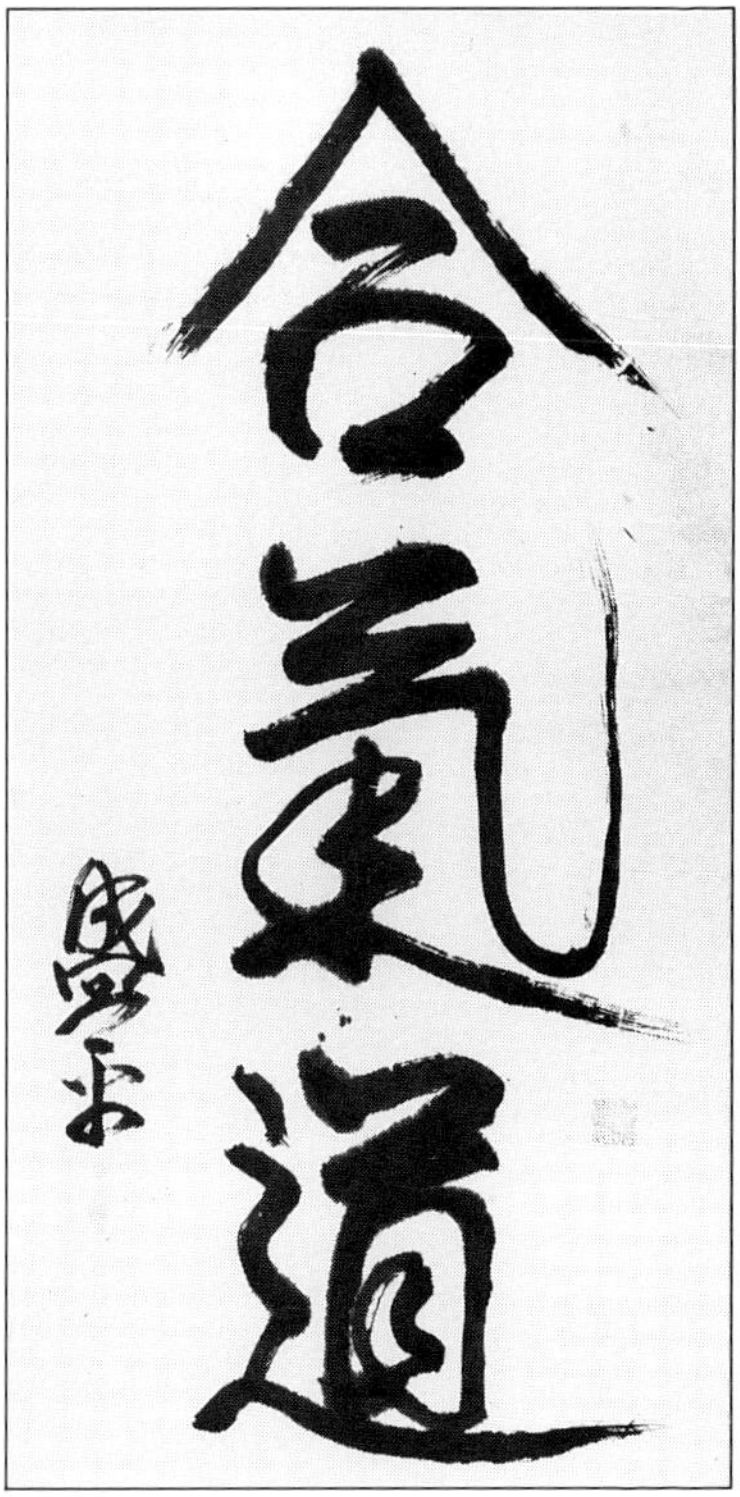

「合気道」

「愛」

合気神髄

目　次

第2章　合気とは愛気である……33

第3章　合気は武産の現われ……55

序

植芝吉祥丸

最近、合気道の国際的広がりは目をみはるものがある。私が本年四回にわたる海外巡遊に限って見ても、その国、その地域の指導的立場にある人々が、合気道の精神性を高く評価し、その深い内容がもたらす人間性の新しい時代に対する高鳴りを期待しながら迎えてくれた。

それは、例えばパリ市長シラク氏のメッセージにも、米国シカゴ市長リチャード・デイリー氏の対話の中にも、十二分に伺うことが出来た。

今や、全世界の合気人口は百三十万といわれ、海外のみを考えても、五十数ヶ国三十余万人に及ぶ。

この発展に伴う一層の期待感は、単に合気道が持つ格闘技術がすぐれているというだけではなく、その神髄ともいうべき〝こころ〟が人生の哲理として社会各般に受け入れられ得ることから来るものと思われる。

しかし、合気道の裾野が大きく地球上を覆うほどになった現在、この道に対する誤った認識もいつとはなしに存在するようになり、若干の誤解も見受けられる。

こうしたことは、合気道の正しい普及を日夜、念かけている私どもにとって重大な問題であり、私どもの社会的責任を含めて開祖に対し誠に申し訳ないことと思う。

このたび出版される『合気神髄』は、主として昭和二十五年から約四年間発刊された『合気道』会誌、並びに、その会誌を引き継ぐ形で発行された『合気道新聞』の一号誌より一〇四号誌に掲載された開祖の道文を集大成したものである。

その内容は、開祖の持つ独特の体感から発せられた雄たけびを折にふれ整理したものである。この内容に触れながら合気道を通じて日々修業されるとともに、想念の中で開祖の言わんとされるものを汲み取っていただければ、合気道の本体も自から理解出来ようというものである。

今後修業を心掛けられる方々は、この書を座右の銘として修業の中に生かしていただければ、開祖も喜ばれることと思う。

最後に、この書は単なる技術の書ではなく、その技術を生み出している中心、核を開祖の人間的響きで表現したものであることを重ねて申し上げたい。ゆえに体全体で無心率直に受け取っていただきたい。そうすることが、修業を志される方々に多少なりとお役に立てば幸いである。

1

合気道は魂の学び

宇宙の真象を眺め、己れに取り入れよ

合気道は、魂の学びである、魂魄阿吽《あうん》の呼吸である。また、合気道は宇宙の営みの御姿《みすがた》、御振舞いの万有万神の条理を明示する大律法である。すべては一元の本より発しているが、一元は精神の本と物体の本を生み出している。それは複雑微妙なる法則をつくっている。それが全大宇宙の御姿、御振舞いの営みと宇宙万有に生命と体を与えている。それが生成化育の大道を歩んでいるのである。そして宇宙万有は一家のごとく、また、過去、現在、未来は生命呼吸として人生の化育を教えている。宇宙万有の世の進化は一元の本より発し、我らをして楽天に統一に和合へと進展させている。

我々は正勝《まさかつ》、吾勝《あがつ》、勝速日《かつはやひ》の精神をもって、天の運化を腹中に胎蔵して宇宙と同化、そして宇宙の内外の魂を育成して、かつ五体のひびきをもってすべて清浄に融通無碍《むげ》の緒結びをして、宇宙世界の一元の本と、人の一元の本を知り、同根の意義を究めて、宇宙の中心と正勝《まさかつ》、吾勝《あがつ》、勝速日《かつはやひ》を誤またず、武産《たけむす》の武の阿吽《あうん》の呼吸の理念力で魂の技を生み出す道を歩まなくてはならない。

合気はある意味で、剣を使うかわりに自分の息《いき》の誠をもって悪魔を払い消すのである。つまり魄の世界を魂の世界にふりかえるのである。これが合気道のつとめである。魄が下になり、魂が上、表になる。それで合気道がこの世に立派な魂の花を咲かせ、魂の実を結ぶのである。そして経綸の主体となって、この世の至善至愛なる至誠に御奉公することなのである。

合気道に進まんとする者は、以上のことを、よくよく心得て、宇宙の真象をよく眺め、己れに取り入れ、それを土台にして、己れの門を開いていかなければならない。

魂の花を咲かせ、魂の実を結ぶ

現代は物質、魄の世界である。しかし魂の花が咲き、魂の実を結べば世界は変わる。いまや精神が上に現われようとしている。精神が表に立たねばこの世はだめである。物質の花がいまや開いているが、その上に魂の花、魂の実を結べばもっとよい世界が生まれる。

なんとなれば日々体験しているからである。

私は自己のうちに天台をつくり、自己が天地と宇宙と常に交流するように心がけた。それで何事か行なおうとする時は、目の前に白い光の玉が現われ、その中にいま一人の私が立っている。そして扇子を持つと、相手も持つ。突いていくと、相手に突かれる。慢心など出来なかった。それは錯覚ではなくて修業であり、これによって常に進歩できると思った。

それはちょうど、体の方では潮の干満のようなもので、波がくる、すなわち打ってくると波の華が散るように陽になって音を生ず。息を吸い込む折りには、ただ引くのではなく全部己れの腹中に吸収する。そして一元の神の気を吐くのである。それが社会の上なれば、自己の宇宙に吸収して、社会を神の気で浄めるということになる。

霊の相手が突いてくる。突いてくる光にのって光を捕える。すなわち突いてくる光に同化する。それを光のかけ橋として、それに向かって自己が進む。このような体験は日々あった。日月の気と天の呼吸と地の呼吸、潮の干満との四つの宝を理解せねばいけないのである。

もう一つ澄み切った玉が必要である。この五つのものが世界を浄め和合させる。植芝ばかりではない。これに賛成する人は同志として光明を天から与えられ、それを感得されるはずである。

こうして魂の花を咲かせ、魂の実を結び、顕幽神三界を守るところの人格者でなければならない。

多宝仏塔は自己の中に建てるよう。聖地や寺に建てるだけではなく、各位の中に建てることである。その日の来るのを待っている。そして〝身変《みかえる》〟、すなわちどんな形にも身を変えて衆生を済度する観世音菩薩、最勝如来のようになっていただきたい。と同時に日本が多宝仏塔としてあるべきであろう。

そういう境地に少しでも近づけば、合気道とは何のためにやっているのかが分かってもらえるはずである。

魄（物質的）の上からもテレビのようなものができ、遠隔の地の出来事も見えるようになった。それが一歩前進して精神の花が咲き、実が結ばれた折りは、人は互いに個々の想いが絵のように自己に映って、すべてが分かるようになる。

合気道は相手が向かわない前に、こちらでその心を自己の自由にする自己の中に吸収してしまう。つまり精神の引力の働きが進むのである。世界を一目に見るのである。今日ではまだ殆んどの人が出来てないようだ。私も出来ていない。

宗教者がよく鎮魂帰神というが、その言葉に自己を縛られぬようにすることである。自己の想いで自己を縛ってはだめである。そして真の自己を生み出す場の体を大切に扱い、魄を大事に扱うことを忘れてはならない。

物質の世界をみるにつけ、やはり六根の道をきれいに掃除しておかなければならない。つまったら雑音だけ入ってくる。雑音が流れてくると、六根はことごとく悪に走ってしまう。つまり世を乱すことになる。世界を乱すことが一番の罪悪になる。心を磨いて六根の働きをば融通の変えやすいように、つまり魂の道を明らかにしておいたらよい。そうすれば六根は光となって表に現われる。しかし六根ばかり頼ってはいけないが、浄くしておかなければ世を乱すもととなる。

形はなく、すべて魂の学び

合気道は宇宙の真理に従い、万有の条理を明示するということは、何回も述べているから各位は御理解あることと思う。悟り行なう者は一刀法一身の動きと、自己を絶えず磨き研《と》がなければならないが、この道は言葉や理屈ではなく天地万有のひびきのなかにあるのである。道というのは、ちょうど、体内に血が巡っているように、神の大御心と全く一つになって離れず、大御心を実際に行じてゆくことをいうのである。神の大御心《おおみごころ》から少しでも離れたらそれは道にはならない。合気道は自己を知り、大宇宙の真象に学び、そして一元の本を忘れないで、理法を溶解し、法を知り、光ある妙技をつくることである。

一元は精神の本と物質の本の二元を生みだして理法をつくり、そして全宇宙を営み、天地万有に生命と体を与え、さらに万有愛護の大精神の達成の生成化育の大道を営むのである。天地万有は一家のごとく、また、過去、現在、未来は我々の生命、呼吸として人生の化育を教え、我々をして楽天に統一に、また清潔な営みを与える。我々武を修める者は、一元の本の心を忘れず、至誠を守るようにすべきである。合気道は万有の条理を明示するものであるが、これは神律神法で、それで天津神《あまつかん》なぎの道でもある。

合気道は、周知のごとく年ごとに、ことごとく技が変わっていくのが本義である。私はその折り折りに各位に、道案内者として立ち、研究してゆくのである。そこで合気道は形はない。形はなく、すべて魂の学びである。

すべて形にとらわれてはいけない。それは微妙な働きが出来なくなるからである。

合気道は魂の気の洗濯が一番、その次には己れの心の立て直しが肝要である。体を通して、形のあるものは魄である。物の霊を魄というのであるが、我々は魂の学びを学ぶのである。現代は魄を中心としているが、魂魄阿吽《あうん》でゆかなければいけない。魂が魄を使うのでなければいけない。

いま世の中は、魂の和合へと進んでいる。毎日これで進んでいる。我々は精神科学の実在である。自己の肉体は、物だから魄である。それはだめだ。魄力はいきづまるからである。つまっているからである。

いまや世界は、魂の救いを求めるようになってきている。日本は、ぐずぐずしていてはいけない。いま、我々は各所に与えなければならない役割がある。これをホノサワケの島、中津国ともいう。魂の気で、自己の身体を自在に使わなければならない。これは海外の人々のほうが、魂の救いを熱心に求めてくる。

どんな機会をこしらえても、自己の気の動きでこしらえることが大切である。

世界が全部よく変わってくる。その根本をつくるために、いま私は合気道をやっている。

それで、みなさんと一緒に研究に励んでいるのである。

武の元の心の初め

気育、流れ、動力の名称は健御名方《たけみなかた》の神(動物の本性)。万物の動力は、これより発生する。これが勇魂である。つぎに引力の別称は大山咋《おおやまくい》の神(大地球の引力)である。これを名づけて智魂という。固体(鉱物の本性)は大地の大常《おおとこ》の神(万物の神)である。凝力、万物合力、これが親魂である。伊耶那岐《いざなぎ》、伊耶那美《いざなみ》の造化の結びの神の化身の現われである。

無性と有性の大原則ことごとく宇宙の営みの元を生み出した。それが合気の根元となる。つまり古典の古事記の実行が合気である。四魂の動き、結びて力を生ず。愛を生み、気を生み、精神科学が実在をあらわす。神の言葉、そのものが気である。塩盈珠《しおみつのたま》、塩涸珠《しおひるのたま》は大地の呼吸である。草薙《くさなぎ》の御神剣発動、宇宙の真理、天の息《いき》、日月結んで大地の息と交流して人の心に入る。人はこれを神の恩恵によってつかむ力を得ているのである。おおいなる禊《みそぎ》、合気は塩盈《しおみつ》、塩涸珠《しおひるのたま》ばかりではなく、全宇宙体の玉の糸筋を感に受け、六魂を通じて、自在に使わしていただくようにならぬと真の合気にはならぬのである。

最も必要な事柄は、正勝《まさかつ》、吾勝《あがつ》、勝速日《かつはやひ》の御事に神ならわねばならない。正勝《まさかつ》は屈せぬこと、吾勝《あがつ》はたゆまぬこと、勝速日《かつはやひ》は勝利栄光をいう。正勝吾勝勝速日天之忍穂耳命《まさかつあがつかつはやひあめのおしほみみのみこと》とは大きな、そしてすぐれたお方の義。合気の守護神は、天《あめ》の村雲九鬼《むらくもくき》さむはら竜王で世界最高の徳である。

一人一人が心の洗濯をし、心の立て直しをする。世界から戦争、喧嘩《けんか》をなくす。それが小戸《おど》の神業《かむわざ》である。「オ」は真空、「ド」は禅定。だが、語るはやすく行なうはむづかし。ひびきが全宇宙に拡がっていくように鍛練しなければならぬ。地上天国の建設である。天《あめ》の村雲九鬼《むらくもくき》さむはら竜王は、植芝家の守護神であったために、機縁を得、血脈を結んで生まれてきた私は、その伝播者となる単なる案内者にすぎない。自己を守り、一家を修し、宇宙の完成を待つ、救世主の御奉公に参加する。

昔から「武は神なり」と、武は神のたてたる道にして真、善、美なる経綸とともにある。神の神定めにより、司の大神に委ねたまえる尊き道である。すなわち日の本の真人をつくりあげたる道である。世の初め神の光は水、火、天地をわかちたまいて、一霊四魂と水火より生みなせし、元素と力をもって万有の心と体をつくり、万有に分かつ。その体を守るものは霊なり。霊は体を守るべきものなりと古語にある。武を練れば、誠なる武魂を養い、武魂を容れるの善美なる肉体は、理によって造りあげるものである。また、古より道の人々の言に「武は万物の根元なり」。また飯篠長威斉《いいざさちょういさい》の兵書に、兵法は儒教を本とするとの記事もみえる。

しかし武道は、宇宙の理を悟り、神人合一、神と人とは気を合わして世の初めに神習いて武道を興す、という一念により武の気魂現われる。これ、武の元の心の初めである。

松・竹・梅の教え

合気道は松、竹、梅の三つの気によって、すべてがでてきます。これは一口にいって生《いく》産霊《むすび》、足産霊《たるむすび》、玉留産霊《たまつめむすび》と申し上げます。松、竹、梅の梅は乾《いぬい》でありまして、法を聞くところ、つまり教えであります。天《あめ》の浮橋《うきはし》のことであります。これはちょうど梅は三角であります。それでまた松は裏表のないところ、これを勝速日《かつはやひ》といいまして、松の教えは弥勒《みろく》の教えです。本当の大神さまの「ス」の現われであります。「ス」は元の大根霊で、すなわち大神さまの御心《みこころ》、御姿《みすがた》の現われであります。また、松というのは四角を意味しておりま す。ちょうど伊予の二名島《ふたなのしま》の国造りの折りに、吐く息は空水となって、空に昇っていって 満天に拡がっていきます。その三角の気が昇り、その気の中に武道でいう自分の魂の気が 存在するのであります。すなわち魂が、その中に入っているのです。

合気道は魂の学びであります。ちょうど丸に十を書いて三角が四つ寄っております。こ れは魂が剣《つるぎ》と槍《やり》になっています。つまり松の教えであり、弥勒《みろく》の教えであり、裏表のな い教えであります。玉留《たまつめ》の産霊《むすび》ということであります。それで梅は造化の三神を意味して おります。三角法ですからこれによって武道の初めの仕組みが分かるのです。それで三角 はいったいに、不敗の体勢であります。破れざるところの体勢を整えることにあります。 もとより竹というのは気の修錬であります。気の修行は須佐之男《すさのお》の神さまのことです。ま た、力の大王ともなります。武道の大王ともなります。

これらの三つのものはちょうどいったら赤玉、白玉、真澄の玉というようなものです。 赤玉というのは塩盈珠《しおみつのたま》、白玉は塩涸珠《しおひるのたま》、真澄の玉は風の玉、風と水の御霊徳により禊《みそぎ》の 方面にもっていかなければなりません。何億年たった今日の穢《けが》れをことごとく禊をし、禊 にかからなければなりません。禊がないと、ものが生まれてきません。立派な立て直しが出来ません。巽《たつみ》の仕組みの折りに、桃の実の養成というのがあります。桃の実というのは意富加牟豆美神《おおかむずみのかみ》とでもいうのでありましょう。私は松、竹、梅のこの道場をつくって修業しておるのでありますが、大和の魂の錬成でやっております。今日あることが、ちゃんと分かっていましたから、またかくのごとき外来思想がきて国民性がだんだん変わってくるということも分かっていました。しかし、日本の本来の姿を失ってはいけません。

合気道は小戸《おど》の神業《かむわざ》であります。本当に日本の最初の仕組みのもとに禊をはじめ、すべて伊耶那岐《いざなぎ》、伊耶那美《いざなみ》の神さまに神習うて島生み、神生み、すべて新しき天の運行を生み出していかなければなりません。

これはことごとくすべて禊で出来るのであります。合気道で出来るのであります。

顕幽神三界、腹中に胎蔵

合気道には形はありません。ずーっと以前は、いろいろの人々の熱誠をこめたところの武道をば、私も教えを受けたのでありますが、昭和十五年の十二月十四日、朝方二時頃に、急に妙な状態になりまして、禊《みそぎ》からあがって、その折りに今まで習っていたところの技は、全部忘れてしまいました。あらためて先祖からの技をやらんならんことになりました。この技は気育、知育、徳育、常識の涵養であります。

それで、それによりまして体育を、この地球修理の固成「美わしき、この天地の御姿は、主の造りし一家なりけり」と、世界は一軒の家、けっして他人というのは一人もいない。一日もはやく最も幸福なるところの楽しさの建設であります。これにいかねばならぬと思っております。今後は地球の上に、おられるところの皆さんと手を結んでいきたい。絶対に和合し、このぢぢいは、ぢぢいとしての立場から御奉公したいと存じております。

勝負を争うのではありません。勝負は非常に危険性があります。喧嘩《けんか》争い、戦争を、この地球上から無くするのです。和合の技であります。私は勤王《きんのう》の士の家に生まれ、勤王というとやかましい、喧嘩争いを好む、そうではありません。神ながらの道を実行していく。これ以外にないのです。万有万神の条理を明らかに示すところの神律神法であります。それには一人一人が心の洗濯をして一人一人が心の立て直しをしなければ、この世の中はよくなりません。

そういうふうに自分は考えさしていただきまして、世界の皆さんに対して、そのつもりでおつきあいを願っているわけであります。私には門人はありません。はじめから皆ことごとく自分の友達でありますし、また、自分の師匠さんでありますます。皆さんが稽古をしてくれればこそ、ぢぢいが本日あるのであります。皆さんを恩人と思うのであります。また、すべての万有万神ことごとく、ぢぢいに御協力していただいております。

また、この合気だけは小さい神さまじゃない。世界中の天津《あまつ》、国津の八百万《やおよろず》の神々に、ことごとく御協力いただいております。顕幽神三界も、また我々の稽古の腹中に胎蔵しております。

自分の心の立て直しができて、和合の精神ができたならば、みな顕幽神三界に和合、ことごとく八百万《やおよろず》の神、こぞってきたって協力するはずになっております。磨けば磨くほど、魂《たま》磨きが第一番でありますから、強い、弱いというようなことは、やりません。非常に激しい技のところがありますから、どうぞこれによって、まあ二木謙三先生の言われる養生の道が必要であると思っております。

二木先生も、また私の門に入って、このぢぢいとともに協力していただいており、そして一緒に稽古しました。その際、門人といってもこのぢいより上の人ばっかり、みな立派な人達が集まってきていました。たとえ、私は今後、病気で倒れても、生き変わり死に変わり、どこまでもどこまでも、この世に魂の花を咲かせ、天の使命を完成しなければならぬ覚悟で進んでおります。

どうか、皆さまも一緒にぢぢいに協力していただいて、一緒に稽古もやろうし、また月ごと、年ごとに、この技というものは進んで向上しつつ変わってまいります。一定しておりません。ことに、今までの世の中というものは百事《ひゃくじ》戦闘をもって生きんとしておりました。それだからして、いちいち技をかえて、形によって進んでいく。これは、そうじゃありません。魂の比礼《ひれ》振《ふ》りでありますから絶対に形のない、学びであります。そこに、またひとつの、この神ながらの道をば、おぼえていただきたいと思うのであります。仏教も結構です。顕幽神は、すなわち顕われた世界、幽は仏の世界、仏教です。神は神の世界。そのほか、この地上にいらっしゃる皆さんは魂と相寄って和合して、守護していくことになっております。

この道は、天《あめ》の浮橋《うきはし》に最初に立たなければならないのです。天の浮橋に立たねば合気は出て来ないのであります。これが神ながらの道「三千世界一度に開く梅の花」ということである。これが天の浮橋に立たされてということ、那岐《なぎ》、那美《なみ》、二尊が天の浮橋に立って、発し兆《きざ》し、世の成り立ち、未来永遠にすべてのことを教える案内役たるところの神ながらの道。この合気も、また天の浮橋に立ちまして、そこから、ものが生まれてくる。これを武産《たけむす》合気といいます。「オ」の言霊《ことだま》、「ウ」の言霊、これは天の浮橋……。言霊とはひびきですから、宇宙のひびきをことごとく身の内に受け止めるのです。それで霊界をこの人の鏡に写しとる。

合気道は手を見てはいけない。相手を見る必要はありません。姿を見る必要はありません。ものを見る必要もありません。魂の比礼振《ひれふ》りでありますから。この道は天の村雲九鬼さむはらという神さまが、みんな合気道に入っております。

宇宙組織を体内に造りあげる

「スの御親七十五《ななそいつつ》を生み出して、森羅万象を造りたまう」

すなわち世界が喧嘩《けんか》争い、戦争をするなということであります。天の組織、科学であります。

合気は宇宙組織の玉のひびきをいうのであります。すなわち全大宇宙のことで、小さなことをやっているのではないのです。教育者や年輩者は率先して武道の実践をしなければならないと思います。この道は全部、天に学び、地に学び、宇宙の中心に結んで、また、我々は宇宙とともに進んで、その上に自己の息《いき》で全部結ぶことをやり遂げていくのであります。

我々は魂の気の養成と、また、立て直しをしなければいけません。合気は宇宙組織を我が体内に造りあげていくのです。宇宙組織をことごとく自己の身の内に吸収し、結ぶ。そして世界中の心と結んでいくのであります。仲よく和と統一に結んでいくのです。これからはいうまでもなく戦争をしてはいけない。喧嘩《けんか》争いはしないこと。すべては結びでやる。それでないと本当の強さは出てきません。それでないと皆さんの稽古が無駄になってしまうのです。

それには合気道は天地の合気、神武以前の天と地を結んでしまうのであります。声なき声をもって、魂の気を組織しなければいけません。天の浮橋、舞い上がり舞い下がるところの気を動かすことが肝要であります。地球の動きでもそう。天運循環して、ここにはじめて教えの中心があるのであります。

その中心はどこにあるのであるかといえば、自己にあるのです。智恵正覚を満天に豊満して、本当の力をもって一飲みにしてかからなければ本当の合気は難しいのです。

実践して巡る姿は「オ」の言霊《ことだま》、言霊というのは宇宙組織のひびきのことをいうのであります。スーウーユームー、これをホノサワケの島というのです。

世界中を和と統一で結んでいくのをまた、合気というのです。精神の統一をはかる。正しい気を結んで仲よくしようというのであります。いうまでもなく地球上、このままに放っておいたら世の中はいけない。いま魂はどこにいっているか分かりません。「ス」という言葉は、どういうことであるのか、「ス」というと「ウ」が出てくるのです。つまりひびき、すべて世の中のことはひびきであります。おへその中から出てくるのです。舞い上がってくるのです。四海丹田に宇宙を結んでいくのです。

「スーウーアーオーエーイー」言葉が発してくるのです。宇宙のひびきも全部入っているのです。「ア」は自ら、「メ」は巡る。気が巡るのです。名は息誘《いきいざな》いならぶの神というのです。自己は全部ことばで結ぶ、魂の気で結ぶのです。魂の気でもって結んでいかなかったら、どうしても世界中はなかなか結ばれないでしょう。世界を結ぶことに地球上の人々はいろいろな立場から実践に移していかなければと思う。

世界の和合への道

合気はこの世の大和魂《やまとだましい》の錬成であります。私はこの日本の家族の一人として、また世界の家族の一人として皆さまにお話し申します。

これからは世界がひとつに和合していかなければなりません。ことに日本の国は現在、まだまだ迷っております。大いに動揺しております。こういった状態から一刻も早く抜け出して皆仲良く、ひとつの家族のようになって精神的結びによって和合していかなくてはなりません。

それにはまず、日本から出直していかなければなりません。まず、自分というものを修養し、そして一家を整えなければいけません。一家を整え、次に一国を整え、遂に宇宙をも和合させなければなりません。顕幽神《けんゆうしん》、三界を和合し、守ってゆかなければならない。これが合気道の使命であります。

わが国には昔の話に三種の神器《じんぎ》というものがありました。御剣《みつるぎ》、御鏡《みかがみ》、御玉《みたま》、これは剣とか鏡そのものをいうのでなく、勇、智、仁という、人として欠くことのできない心の宝を指してかくいうのであります。合気道はこの古《いにしえ》の神器の姿を、みな自分の腹中に胎蔵して修業していかねばならぬことを教えます。この道、すなわち神代《かみよ》からの歴史をよく見て、自分で悟らねばなりません。悟るということは、自分にあるので、自分の腹中をよく眺め、自分というものはどこから出てきたものであるか、また自分は何事をなすべきか、よく自分を知るということが自分に課せられた天の使命であります。そして我々が過去をふり返って見て、皆さんが喜んでいる姿を見たらこれほど幸福なことはないと思います。

この世の明るい世界は、一元の神の営みの全徳の現われであります。我々もこの中に入っている、この営みの世界に、この歴史、この生命線は絶え間なく、昔よりこの究極に到ってつくられている、ということを思わねばなりません。自分というものをよく知ること、これが大切であります。

いま私がやっております合気道とは、人をこさえる道、心身鍛錬の道であります。人をなぐったり、邪剣をふりまわして人を殺す道ではありません。

私は今まで、各流儀を三十流ほどやりました。柳生流の体術をはじめ、真揚流、起倒流、大東流、神陰流などいろいろやりましたが、合気はそれらを総合したものではないのであります。合気はすべて気によるのであります。すなわち精神は風波のごときものなのであります。精神に病気を起こさず、精神が遊びにいっておるのを統一するのが合気でありま
す。この世界から病気をなくすのが合気の道であります。世の中はすべて自我と私欲の念を去れば自由になるのであります。

2

合気とは愛気である

愛は争わない

合気道の極意は、己れの邪気をはらい、己れを宇宙の動きと調和させ、己れを宇宙そのものと一致させることにある。合気道の極意を会得した者は、宇宙がその腹中にあり、「我はすなわち宇宙」なのである。

そこには速いとか、遅いとかいう、時間の長さが存在しないのである。この時間を超越した速さを、正勝《まさかつ》、吾勝《あがつ》、勝速日《かつはやひ》という。正勝、吾勝、勝速日とは、宇宙の永遠の生命と同化することである。

では、いかにしたら、己れの邪気をはらい、心を清くして、宇宙森羅万象の活動と調和することができるであろうか。

それには、まず宇宙の心を、己れの心とすることだ。宇宙の心とは何か？　これは上下四方、古往今来《こおうこんらい》、宇宙のすみずみにまで及ぶ偉大なる「愛」である。

愛は争わない。愛には敵はない。何ものかを敵とし、何ものかと争う心はすでに宇宙の心ではないのである。

宇宙の心と一致しない人間は、宇宙の動きと調和できない。宇宙の動きと調和できない人間の武は、破壊の武であって真の武ではない。

真の武道には敵はない、真の武道とは愛の働きである。それは、殺し争うことでなく、すべてを生かし育てる、生成化育の働きである。愛とはすべての守り本尊であり、愛なくばすべては成り立たない。合気の道こそ愛の現われなのである。

だから武技を争って勝ったり、負けたりするのは真の武ではない。

真の武は、正勝、吾勝、勝速日であるから、いかなる場合にも絶対不敗である。すなわち、絶対不敗とは、絶対に何ものとも争わぬことである。勝つとは己れの心の中の「争う心」に打ち勝つことである。己れに与えられた使命を成しとげることである。

和合する宇宙の心を実現する

宇宙万生の現われの根元は魂の現われであり、愛の現われである。その根元の最も純粋な現われは合気道である。宇宙、全人類を大きく和し、一体となすべき本来の道である。

全人類を大きく和合包摂し、総合渾一化して神人一体（合気の理）を傷つけないようにするところに、宇宙や万物の無限の発展完成が約束されている。これを成しとげる役割は武、すなわち、戈《ほこ》の争いを止めさせる真の武人にこそ負わされている使命である。

真の武人、すなわち武道家は宇宙より賦課されたこの有意義な大使命を果たすことによって聖《きよ》い世界を形成させることができる。これが和合であり、小さな人間の固体の内に大宇宙そのままの姿が表現されている。

かくして人間の姿の内に大宇宙を見出し、帰一表現の原理を悟らなければならない。帰一表現こそ宇宙が示したまわれた貴い原理である。

宇宙の愛の働きはいろいろの形になるが、これはみな一つの宇宙の一面にすぎない。宇宙にもいくつかの現われを持っているが、それと同じように人間も宇宙の愛の働きのいろいろを、そのまま行ないに現わすものでなければならない。人間は宇宙から食物を取り入れるが、これによって人間の内に宇宙そのものが入ってくる。

地上のすべてのものは宇宙の愛の働きであるから、すべてのものが一体にまつりあわせ、和合させることが宇宙の心である。この使命は各人が果たすことに努めねばならぬ。

真に和合する宇宙の心を実現する、この合気道こそ、宇宙を和合する唯一の道である。

宇宙組織の魂のひびき

合気は宇宙組織の魂のひびきを神習うての発動である。すべて宇宙の魂のひびきで合気を実践し、無限の力を生み出していかなくてはならない。宇宙組織の魂のひびきは、すべて宇宙に学び、宇宙の中心に帰一し、宇宙と同化していかなくてはならない。そして宇宙とともに進むのである。このようにして自己の体内に宇宙組織を、正しく造りあげていくのである。

宇宙組織を宇宙の魂のひびきによって、ことごとく自己の心身に吸収して結ぶのである。その延長が世界の人々の心と和するのである。すなわち和と統一に結ぶのである。いうまでもなく戦争、喧嘩《けんか》争いをしてはいけないのである。すべて結びである。和と統一で結ぶ、これ、合気である。世界を和と統一で結ぼうとする人を真人というが、合気は、いうなれば真人養成の道であるともいえる。それで気育、知育、徳育、体育、それに常識の涵養が肝要となってくる。

　また、宇宙組織の魂のひびきの修業によって、自ずと自己の心の立て直しが行なわれ、真の自己を造りあげるのである。つまり合気道は禊《みそぎ》の技であるということである。禊の技で常に万有愛護の大精神を鍛え、万有万神の条理を守り、自己の使命を完遂することである。そして正勝《まさかつ》、吾勝《あがつ》、勝速日《かつはやひ》の精神に立った姿でなければならない。万有万神の条理は、宇宙の美わしき御振舞いの貴い営みの御姿《みすがた》を明示する律法である。これはすべて一元の本より発するものである。ゆえに宇宙の万有万神の真象をよく眺めて、それを腹中に胎蔵して大いなる自己の土台となし、その成果によって開眼し、大いに合気道の修業をすることである。そして絶えず反省の心を忘れないで鍛錬、向上することに精神を怠ってはならないのである。その結果は心身一如、調和した身体を生成発展さすことができるのである。

　合気道を修行する者は、また万有万神の条理を、武道に還元さすことが大切なこととなってくるのである。それは万有万神の条理から来る真象を眺めることである。真象を通して合気道の技は、合気の原理を通して創造することが可能であるから、どんな微妙なる宇宙の変化にも、よく注意していなければいけない。宇宙の条理の真象をよく把握することである。この真象を知らないときには、何事も宇宙の真理に同化し得ない。ために人としての使命の発揮が充分に、この世に出しきれない。

真実のことを達するには、宇宙の真理に合気することが大切である。いつもいう「美わしき、この天地の御姿《みすがた》は、主の造りし、一家なりけり」と。本当に立派な、美わしき世界を建設しなければならないのである。宇宙組織の魂のひびきを神習うての、無限の力は、このように世界を和と統一に結んでいくカをもっているのである。

「合」は「愛」に通ず

速武産《はやたけむす》の大神と私の身体は、血脈あい結んでいる。ここに合気の使命が結ばれている。速武産の大神の御働きの現われは「天の村雲九鬼さむはら竜王大神」と呼ぶのである。天の村雲とは「宇宙の気」「淤能碁呂《おのころ》島の気」「森羅万象の気」を貫いて息吹くことをいうので、九鬼とは、淤能碁呂《おのころ》島に発生したすべての物の気、九星の気である。

伊耶那岐《いざなぎ》、伊耶那美《いざなみ》の命の島生み、神生みの気も、すべて、この九星より始まる。色も、味も、香りもこの気の動きによって生じ、言霊《ことだま》の妙用の根元もここに存ずるのである。「さむはら」とは、宇宙の森羅万象の気を整えて、世の歪みを正道にもどすことをいうのであって、日月星辰も人体も、ことごとく気と気の交流の結果生じたものであるから、「世界の気」「宇宙の気」を調整しなければ、やがて邪気を発して、もろもろの災いが起こるのである。このすべての邪気を、天授の真理によって禊《みそぎ》をし、地上に平和をもたらすことを「さむはら」という。私はこれを、正しい意味の武の道と呼んでいる。

猿田毘古《さるたひこ》の大神が私に、「この意義をよく考え思うべし、この守護神によりて汝に武産《たけむす》の使命を気結びされたるなり」とのご神旨をだされた。

この道は、相手の人間を凶器、腕力によって滅ぼしたり、武器をもって世界を破滅に導くものではなく、宇宙の気をととのえ、世界の平和を守り、森羅万象を正しく生産し、護《まも》り育てることである。この道の鍛錬は、森羅万象を正しく生み、護り育てる神の愛の力を、我が心身のうちでするのである。

大天主太《もとつみおやすめおおかみ》神の大神の「愛」の心から光と熱がほとばしりでて、偉大なる力を生ずるのである。この大神の御働きが、すなわち武産《たけむす》で、これを速武産《はやたけむす》の大神と呼ぶのである。この大神こそ大天主太《もとつみおやすめおおかみ》神の大神の「愛」の御働きの現われとして、大宇宙の森羅万象を生みだす現象そのものであり、同時にまた大宇宙をも破壊し得る力をもつ気の活動そのものである。また、この武産の武の道こそ、天地人を和合させ得る神の「愛」の力の大道なのである。

合気はこういう精神の道と体の道とが一つになって進むのである。合気は真実そのものの現われであって、愛で世の中を吸収、和合させ、いかなるものができても、これを和合してゆくのである。我々は真の世界人類を至仁、至愛に同化させてゆかねばならない。怒ってくれればこれを和するのである。武士のことを「さむらい」というが、これは愛の道に従順という意味であって、やたらに斬り合うのがさむらいではないのである。神、肉体ともに鍛錬しあって国の柱となり、愛の運動に進みたいと思う。

昔から、武道は誤って人命を絶えず殺し合う方向に進んできたのであるが、合気は人命を救うためにあるのである。すなわち人殺し予防法が合気の道である。人を殺すなかれが合気であり、「合」は「愛」に通じるので、私は、私の会得した独自の道を「合気道」と呼ぶことにしたのである。従って、従来の武芸の人々が口にする「合気」と、私のいう「合気」とは、その内容、本質が根本的に異なる。このことを皆さんはよく考えてほしいと願うものである。

さきに述べたように、この道は、相手と腕力・凶器で戦い、相手を腕力・凶器で破る術ではなく、世界を和合させ、人類を一元の下に一家たらしめる道である。神の「愛」の大精神、宇宙和合の御働きの分身・分業として、ご奉公するの道である。この道は宇宙の道で、合気の鍛錬は神業《かむわざ》の鍛錬である。これを実践して、はじめて、宇宙の力が加わり、宇宙そのものに一致するのである。

宇宙を和と統一に結ぶ道

顕幽神三界は、すべて和と統一にしていかなければならない。人類ことごとくも和と統一に結んでいかなければならない。そして、この美わしい立派な喜びの世界を造りあげてこそ、合気の責任を守ることができる。そして武の大道は天地の経綸、また、世界の和平、地上楽土の和と統一への大道であり、完成への道でもある。

人類を大きく和し、総合渾一、統一して神人合一、神人一体を傷つけないようにするところに、全大宇宙の無限の発展完成がなされるのである。この役割は武、すなわち戈《ほこ》の争いを止めさせるところの真の武人にこそ、負わされている大使命であらねばならない。真の武人、すなわち武道家は宇宙より課された、この有意義な大使命を果たすことにより、宇宙を和と統一に結ぶことができる。かくして世界は平和となる。

また、人間の姿の内に全大宇宙を見出し、帰一表現、すなわち和と統一への道の原理を悟らなければならない。帰一表現、和と統一こそ、宇宙が示したまわれた貴い大原理、大原則である。真に和と統一する宇宙の心を実現する、この合気道も、全大宇宙を和と統一に結ぶ一つの大道である。

地上のすべてのものは全大宇宙の愛の御働きであるから、すべてのものが一体にまつり合わせ、神人合一に、神人合わせることが宇宙の心である。この使命は各位が、それぞれ果たすことに、大いに努めなければならない。宇宙の御働きには、いろいろの形があるが、これはみな一つの宇宙の一面の現われにすぎない。宇宙にはいくつもの現われがあるが、それと同じに人間も、宇宙の愛の御働きのいろいろによって、そのまま行ないに現わすものでなければならない。宇宙万生の愛の御働きの根元は魂の現われであり、愛の現われである。その根元の最も純粋な現われの一つに合気道がある。宇宙、全人類を大きく和と統一に結び、一体となす本来の道である。

合気道はすべて生きとし生けるものの愛の働きを示している。この愛の御働きが宇宙を形づくるものである。実にこの御働きが宇宙万物を護《まも》り育て、清浄にし、これを生成発展せしめるのである。この万物を育成する宇宙の愛の大使命を達するために、合気で地上は働くのである。宇宙は万物発育の胚種を宇宙にまき、これを増殖させる無限の力を持っている。かくして万物の生命、すなわち宇宙の織りなす万世の宿命を、地上に宇宙の愛を現わす方法として合気道と名づけた。顕幽神三界を和と統一に結んで腹中に胎蔵して、我々の大使命に邁進しなければならない。

六根を清め愛の大精神へ

我々は六根ばかり頼ってはいけない。仏教では六根清浄などというが、六根というものは、この顕界において、この明るい世界を眺めるために肉体にそなえたものである。しかし物質の世界をみるにつけても、やはり六根の道をきれいに掃除しておかなければならない。つまったら雑音だけ入ってくる。雑音が流れ込んでくると、六根はことごとく悪い方に走ってしまう。

つまり世を乱すことになる。この世を乱すことが一番罪悪になる。心を磨いて、本当に六根の働きをば融通の変えやすいように、つまりいう魂の道を明らかにしておいたらよい。そうすると六根は光となって、表にあらわれてくる。六根が光を放ってくるというと、やることがみな魂の比礼振《ひれふ》りということになってくる。己が物を生みだすようになる。外からのことも、内からのことも相交流していけることになる。外のことは、みな己れのことということが、はっきり分かってくる。

それで合気道なんか、ことに稽古のおりに、固く固定していないからして、ちょうどいうなればこういうことになる。

日月は合気になりし橋の上　大海原は山彦の道

また、宇宙のひびきのなかの空に生み出していく、五十音、七十五声の音のひびきのなかに技は生まれてくる。つまりいうと、空に生み出してゆくところの考えをもって稽古に精進してもらいたい。ちょうどいうと、我々の大御親《おおみおや》、愛の大精神は、最初「ス」声が出来たというておりますが、すなわち

日の御親　七十五《ななそいつつ》を生み出して　合気の道を教えたまえり

このことは、ことごとく七十五《ななそいつつ》をもって技が生み出てくることを指している。それは、

自己という造化器官があるから生み出てくるのであるが、この自己の造化器官は自由に世の中の御経綸の営みに御奉公できる。

物事を、己れの立場からみたら、まず、人々は皆、私の家族であると感ずる。己れの行《ぎょう》はこの家族に教えるものではなく、皆に行なうものである。そうして行なって、すべての人々を守り、あらゆる物を守っていかなくてはならぬと考えている。これは、この己れというものを先に知ったならば、すべての物が分かってくる。すなわち、己れというものは全宇宙のすべてのものがあるから、己れというものが存在する。また、己れの本能もはっきりすることが出来る。それから己れの使命の仕事も出来る。決して、これらは私一人で出来るものではない。全大宇宙があればこそ出来るのである。この境地と己れの関係を知らないといけない。

人というものは、造化器官であることを知り、全大宇宙と己れとは同じということを知らなくてはいけない。この宇宙内の子として、宗教家でいうならば神の御子《みこ》としての務めを、この世の中に充分つくさなければいけない。それはすべて世の中を乱さんようにするためでもある。それですべての物を守っていかなければいけない。これは必ず行なわなくてはいけない。そして万類万象を生かしていかなくてはならない。

この合気道は、全大宇宙の大きな生命であるところの営みの道、御経綸の姿、すなわち大は宇宙の生命より、小は禽獣虫魚《きんじゅうちゅうぎょ》に至るまでのものも、そのことを得さしめる道であり、それを明示する道である。

世の中は無欲の者の所有になる

世の中はすべて根本は経済であります。経済が安定してはじめて、そこに道が拓けるのであります。我が国の経済は精神と物質と一如であります。日本では「売る」方が先であり、日本のはすべて「誠」を売り込む、「愛」を売り込むのであります。武道におきましても、まず愛を売りこみ、人の心を呼び出すのであります。

すべて名人、その道の達人がかなでる音色や話というものは、天地に響き、天地と和合して万有と和合して、万有和楽の世界が具現するのであります。合気は人類のみならず、万有を愛で結ぶ紐《ちゅう》線であります。

日本の武の根元は愛であります。世の中はすべて愛によって、形づくられているのであります。文化も科学も、愛の大精神から出ているのであります。天地の間に立って、人はこの愛を紐《ひも》として世に造化の道にいそしむのであります。

富士の高嶺に登る道は沢山ありますが、行き着く所は一つであります。すなわち愛の道であります。みなそれぞれ修業の方法は異なりますが、同じ所に到るのであります。日本の武は、決して、戦さや、闘いや、争いの道ではないのであります。すべてのものを喜んで兄弟としていく道であります。先日私の見ました夢についてお話しいたしましょう。

「私が修羅道《しゅらどう》において、負けてはならぬ、日本一にならねばならぬ、世界一にならねばならぬとあせっておりました。ハッと気がついて自分の姿をみると、実にみすぼらしく、顔の面相にも青筋が立ち、自分の体には少しも光がありませんでした。

そうしてだんだん歩いていくと、果てしもしらぬ大河のほとりに突きあたりました。前には濁流が滔々として流れております。この川をいかにして渡ろうかと考えておりますと、ちょうど板切れが向こうから流れてまいります。招くとスゥーと板が自分の方にやってまいりましたので、これにつかまって渡りはじめました。五、六人の門人が、私と争った人々までもが、これに続いてつかまったので板が沈み始めました。

その時門人中より船橋君、続いて湯川君が自己を犠牲にして板から離れ、溺れていきましたので自分達は辛うじて助かり、向こうの岸に着くことができたのであります。二人は私の犠牲となってくれたのであります。

岸に着くと両側は、青々と茂った稲田でありました。門人、および私について来た人々は、この稲田にあこがれて、皆吸い込まれていったのであります。結局、南北に通ずる大道に出た時は自分一人だけでありました。このたんたんたる大道を、光明めがけて私は唯一人法悦の涙にむせびながら歩みだしたのでありました」

一つの道を貫くためには、他のことには無欲になって進まねばなりません。無欲になった時こそ絶対の自由となるのであります。世の中はすべて無欲の者の所有になるのであります。

合気道に形はない

合気道は言葉ではなく禊《みそぎ》であります。私の歌に「気の仕組み　魂《たま》の学《まな》びや禊技《みそぎわざ》　合気の道は小戸《おど》の神業《かむわざ》」とあるとおりであります。

この合気道において禊をし、精神の立て直しをするのです。とりわけ青少年は、この修業を日々続行してやってほしいと願います。私は皆さんとともに宇宙のため、世のために「小戸の神業」の行を進んでいこうと思っております。合気道は「小戸の神業」で、ちょうど、那岐《なぎ》、那美《なみ》二尊が地球修理固成、すなわち伊耶那岐《いざなぎ》、伊耶那美《いざなみ》と高御産巣日《たかみむすび》の神さまが化身されて地球修理固成をなされた道なのです。伊耶那美《いざなみ》の大神とは、この全大地球の魂をいうのです。なんにもない世界、天もなく地もない世界、この世界で合気道を使っていかねばならないのです。これは禊を通して導いていくのです。つまり顕幽神三界を、この植芝は出入りしているのです。禊技は禊そのものです。私の合気道は、八百万神《やおよろずのかみ》がことごとく協力して和合していく道なのです。

合気道には形はありません。魂の世界「ス」の一字によって禊に基づいてやるのです。この宇宙は「ス」の凝結です。また一つの霊には必ず神直日《なおひ》の霊が宿っているのです。合気道は精神の律法以外の律法はいりません。合気道は中心を離れては何もない愛の教えです。直日でないと本当の力は出てきません。水火結んではじめて「もの」が生まれるのです。天の浮橋……「ア」は自らに、「メ」は巡り、「ウ」は空水をなす。天もなく地もなく……大虚空の中にはじめて生まれてくる神代までつき戻すのです。この肉体は黄金の釜であります。霊魂をつくり直すことができるのです。言葉は魄、言霊《ことだま》はひびきです。満天にひびき渡る天の御柱《みはしら》です。合気道は形のない世界で和合しなければだめです。形を出してからではおそいのです。吐く息の中に自分自身がいるのです。合気道は赤玉、白玉、真澄の玉であり、真澄の玉とは空気の素《もと》みたいなものです。しかし合気道は実行しなければいけません。真に実行しなければなりません。

合気の精神

この世の初めなき初めにいとも精妙なる大気、大空に満ち満ちたまえり。その御心《みこころ》の真中をさして主の大神《おおかみ》とは申し伝え、名づけたてまつる。この一つの大気の御心こそ絶対なる至仁至愛の根本大精神なり。

この絶対なる愛善の御心、一気に運化し、美しき楽しき安き顕世界を建つるの目標に、道も天地剖判《ほうはん》も、言魂《ことだま》も日月も万《よろず》の精神も、万の魄も物も現生す、と申し伝えり。

この至仁至愛の一大気の運化をもって合気の期限となす。ゆえに至仁至愛、万有愛護の大精神をもって合気とは名づくるものなり。また、万有の生命宿命を通じ、おのおの万有の使命を達成せしむべく万有に呼吸を与え、愛護する精神を合気とはいうなり。

また、△⊙□の気の熟したるを合気と申し、⊙は精神の安静と魂を養い、技、また⊙によって円熟万技を生むべく、□は体の千変万化を出し、月のごとく、現象界における昼夜のごとく、裏観は一元なれども、表観は千差万別運化を意味す。△は気にして力を生じ、また、体の三角体は破れざる丈夫《ますらお》の姿勢を具備さすべく、この鍛錬により光と熱と力を生ず。これ、みな修練者の引力により来たる。引力は修練者の天地自然の絶対愛の感得、愛善熱の信行により来たるものなるべし。

ゆえに合気は宇と宙は一家のごとく、人類万有呼吸を合わせて相ともに絶対愛の中心に根本の真の道を忘れず、自己に与えられる天の使命を遂行する。これ、合気にして、日本にては正に勝ち、吾に打ち勝つの意義なり。しかしてまだ古《いにしえ》より日地月星の戦いを見ず、みなおのおの寸分の休みもなく天の使命を尽くし、万有に絶対愛の恵みをたれたまえり。人はこの間に処し、合気修錬をもって愛善の一大気に同化し、神人合一して天地の修理固成の道業に御勤めをなすべきものなり。

また、天地経綸の司宰者たる人類によりてこそますます美わしき浄土を建設し、天地の生命長久のため、人類万有大和合浦安の基を築く。これ、合気の道とは申し伝えり。
合気にては気を両刃《もろは》の剣と称し、心ともなす。これは世界の真気を示し、光と熱の合気運化を示す大法術の精神なり。両刃の剣はまた七十五音の言霊《ことだま》の精神の奥の気をいうものなり。気の運化にて万形を生ず。

合気道とは大自然の絶対愛を基として、体を△に象《かたど》り、○ゝを中心に、気により△□の変化と気結び、生産《いくむす》びを身体に現わし、生み出しつつ気魂力を養成し、皆空の心と体を造り出す精妙なる道である。皆空とは正しき身魂の和合統一のことなり。また、合気道とは真空と空と人の上に、愛の結びをもって大気の中心の大運化に同化錬成するをいう。

　鬼おろち吾に向ひておそひこば　後に立ちて愛にみちびけり

武道の根元は神の愛――万有愛護の精神

たしか大正十四年の春だったと思う。私が一人で庭を散歩していると、突然天地が動揺して、大地から黄金の気がふきあがり、私の身体をつつむと共に、私自身も黄金体と化したような感じがした。

それと同時に、心身共に軽くなり、小鳥のささやきの意味もわかり、この宇宙を創造された神の心が、はっきり理解できるようになった。

その瞬間、私は「武道の根源は、神の愛――万有愛護の精神――である」と悟り得て、法悦の涙がとめどなく頬を流れた。

その時以来、私は、この地球全体が我が家、日月星辰はことごとく我がものと感じるようになり、眼前の地位や、名誉や、財宝はもちろんのこと、強くなろうという執着も一切なくなった。

「武道とは、腕力や凶器をふるって相手の人間を倒したり、兵器などで世界を破壊に導くことではない。真の武道とは、宇宙の気をととのえ、世界の平和をまもり、森羅万象を正しく生産し、まもり育てることである」と私は悟った。すなわち「武道の鍛錬とは、森羅万象を正しく産み、まもり、育てる神の愛の力を、我が心身の内で鍛錬することである」と私は悟った。

3

合気は武産の現われ

誠の道をもって天地と相和す

昔から「武は神なり」という言葉があるが、武は神の立てたる神の道にして真善美なる世界の経綸とともにある。また、宇宙の神定めにより司の神にゆだねたまえる尊い道でもある。すなわち真人を造りあげるための一光である。

世の初め宇宙は水火天地を分けたまい、さらに神は一霊四魂《いちれいしこん》と水火より生み出した元素と力をもって、万有の心と体を造り、これを万有に賦与した。地祇《ちぎ》もまた、三元と八力をもって霊と体を造り万有に分かつ。その霊を守るものは体であり、体を守るものは霊である。また霊八体を守るべきであると古語にもある。

武訓を仰ぎみることを要する。武を練れば誠の武魂が養われ、武魂が入る真善美なる霊と体は理によって造りあげられる。古《いにしえ》より道の人々の言に「武は万物の根元なり」と。日本の武は剣、鏡、玉の御光徳を奉じ、宇宙の理を悟って神人合一、人は神と気を合し、世の初めに神習いて武を興すという一念により武の気魂が現われる。武の一元の始めでもある。

次に光と熱との二つが現われるに至って、その行は天地日月の理にかない、水火の活力神妙の理を明示する。宇宙の精神をもって言霊の姿も現われて常に内的にも外的にも誠の道をもって教え、道に住して天地と相和すことを要する。武の気の内流は宇宙の気と合し、現幽両界に練り合って内的を現わし、真の勇智愛親の御姿《みすがた》を現わす。その徳は真澄の鏡の御徳を現わし正邪を写し、よくすべてを射照する。

また、剣《つるぎ》となり剣光を放ち、ついに八光の珠《たま》を授かる理道ともなる。八光の珠は仏者のいう如意宝珠、塩盈塩涸《しおみつしおひる》金剛不壊の珠のごとくなる。また、宇宙と呼吸を合し、ただ神にあるときは真澄《ますみ》の鏡となる。万《よろず》を写し、現幽一如の剣となり祓戸《はらいど》の神事にも神習いて世を潔めることは、よりよき方向への一つの作用となる。

森羅万象は武道における大なる教え

合気というものは、森羅万象どんなものでも、極意に取り入れなくてはならない。取り入れるのではなく、教えを受けなくてはならぬ。取り入れるというと語弊があって人のものを盗むということで、天の賊になってしまう。取り入れる必要はないが、これみな我々の教えである。

森羅万象は武道における大なる教えであります。これを見のがしてはいけない。神が表《おもて》に現われるということは、精神がことごとく天地に光っているということだが、皆、これを理解しない。とくに地上の主体となるべき人が、うかつにもまた理解せず落ち着きがない。一軒の家族でありながら思い思いの考えを持っている。いつも争いのことばかりやっている。欲の世界を現出している。きれいな心になってしまえばなんでもないが、しかしそれは容易なことではない。

我々の上には神があると思わねばならない。なぜならば永い間仕組んで出来上がった天や地、そこにある引力——これは天の気がずうっと下がってくる——天地の妙精力、つまり引力と引力との交流によって世界が収められる。これをもとにして出来たのが合気道で、合気道はいままでの武道とまるっきり違う。といっていままでの武道を捨ててしまうのではない。これに息吹きを与えるのである。その上に各自が立ち、自分の魂をみなければならない。そして自分が神となってこの世の中をよくしていかなければいけない。神とは天にもあり、地にもあり、また自分の中にもある。そして時としては自分も神となり、世のため人のためにつくさなければいけない。

一元の大御心《おおみごころ》をあらわすには、二元が現われて、はじめてすべてのものが現われる。これがすべての科学の始まりになっている。

武道をやるからといって、武道のことばかりを考えてはいけない。みな何ごとも成せばなる、土台を持っているのだから。武道を土台としてその上に立って、各々が自分の体でもって、ものを生み出していかなければならない。その物を生み出す地盤に必要なもの、すなわち物とは武である。我々は武を生み出す造化器官である。大宇宙とは物を生み出すところのものであり、自分は、自分のもっている武を生み出す魂を磨かなくてはいけない。

一元の本を忘れず誠を守るべし

天地の経綸は武の大道である。また世界大和合、地上楽土の大道であり、完成への道でもある。我々は徒らに昔の武にとらわれて、昔の武人の御心《みこころ》を穢《けが》してはいけない。しかし古きを捨てず天の運化とともに日々研鑽し、新しい武を天地の上に恥じざる武、いつの世代にも生き生きしたる武の道を実行しなければならぬ。

また、武の理道を穢《けが》し、悪汚の鏡を我が国土の上に写さぬよう。武とは世界の鏡である。武は世の指針となり、善の形を示した大和合のため、鏡となり、また天の和合の姿を地上に実践しなければならぬ。与えられたる心身を天なる大自由主義、宇宙魂をもって世界大和合に邁進しなければならぬ。ここにおいて合気道を明らかにせんとするゆえんである。

合気道は日々新しい天の運化とともに、古き武の衣を脱ぎ、成長達成向上を続け、研修しておる我々は、武の道を通じて天地の真性に学び、天地に同化し御姿《みすがた》、御振りを身魂に現わすべく誠の修業に専心しなければならぬ。

現世罪は世を乱し、世を乱すは一元の本を忘れるにある。世の根元たる一元は精神の本と物体の本の二元を生み出し、複雑微妙なる理をつくり、全宇宙を営み、また天地万有に生命と体を与え、万有愛護達成に生成化育の大道を営み、天地万有は一家のごとく一身のごとく、また過去、現在、未来は我らの生命呼吸として、人生の化育を教え、世の進化怠りなきは我らをして、楽天に、統一、また清潔に進展する。

武を修めるものは、この時にあたって、万有愛育の万有一元の心を忘れず、愛と愛との抱き合わせる至誠を守るべし。現在、物質科学は大いなる進歩を遂げたる感あるも、反対に精神科学の実在はいまだならず、人の世は物質科学と精神科学との長所、短所のない正しく調和した天地万有の気と、人の正しく整いし世となれば、この世に人々の争いはなくなり、平和となるべし。それには我らの合気道も天の運化に遅れず、身体の武道のみにては、これを達成するにあたわず、身体の技は力少なし。

精神の武は魄阿吽《はくあうん》をもって明らかなる健やかなる清き力を出し、つとめて尽くすに至るべし。(魄とは身体の上に魂の花を開き結んで、人としてあらゆる条件に叶えるもの)ゆえに合気道は自己を知り、宇宙万有の妙精を自己に吸収し、大宇宙の真象に学び、理を溶解し、法を知り、光ある自己の妙技をつくる道である。

かえりみるに合気道は、日本武道の根元にして宇宙の真理に従い、万神の条理を明示し、天真、地真、物真一致の本義であり、和合、悟り行なう者の最も大切な一刀法一身の動きと自己を磨き研《と》ぎつくるの道で、言葉や理屈ではなく、天地万有のひびきの中にある。

声と心と拍子が一致して言霊となる

掛声には「エィ」「ヤー」「トー」「ハッ」等がある。この四つに限らず、日本人が言葉に出せるだけの掛け声があるはずである。天地の呼吸に合し、声と心と拍子が一致して言霊《ことだま》となり、一つの技となって飛び出すことが肝要で、これをさらに肉体と統一する。声と肉体と心の統一が出来てはじめて技が成り立つのである。霊体の統一ができて偉大な力を、なおさらに練り固め磨きあげていくのが合気の稽古である。かくしてゆくと、世の中の武道の大気魂が、その稽古の場所、および心身に及んで、練れば練るほど、武の気魂が集まって、大きな武道の太柱ができる。柳生十兵衛も塚原卜伝も、あらゆる古今の達人、名人の魂が全部集まり、また武道の気も神のめぐりによって全部集まりくるの理を知り、稽古に精魂をつくすべし。

この人間に与えられたところの、言葉の魂を肉身と一つにして日々稽古して、天地の呼吸と合致せねばならぬ。ある時には「エィ」と切り、「ヤー」と受け、「トー」と離れる。

これは同じ者同志に隙がない時には「トー」と離れることができるが、一方に隙があれば「エィ」「ヤッ」と切られてしまう。古くはかく「エィ」「ヤッ」と合し、「トー」と離れ、また「エィ、ヤッ」と結ぶ。そこにお互いに隙のないよう錬磨を重ねていったのである。

かくのごとく熱心に稽古の度を重ねるに至らば、相手と相対した時にいまだ手をださぬうちに、すでに相手の倒れた姿が見える。そこでその方向に技をかけると、面白く投げられる。

技は熱心になれば、かくなるものと信じて錬磨すべし。

昔、剣法に、皮を切らして肉を切り、肉を切らして骨を切るという法があった。これは切りかかる剣の下に泰然として、皮を切らして同時に相手の肉を切った技であったが、今日では皮を切らすさえ惜しむ。たとえ皮でも切らすことは、つまり自身を傷つけ、また危くすることになるからである。それではならぬ。自己の身をそこなわぬようにして相手を制せねばならぬ、すなわち心で導けば肉体を傷つけずして相手を制することができる。

導即剣という具合いに、斯道を練りあげねばならぬ。皮を切らして肉を切る法は、名人の法であるが、非常に危険な方法で人のなすべき技法ではない。

いつも安全な破れざる位置にあって相手を制す。

この覚悟が斯道の稽古に最も必要である。

霊体一致の美しい身魂をつくる

合気道は、真の日本武道であります。それは地球修理固成に神習いて、布斗麻邇《ふとまに》の御霊《みたま》から割れ別れし水、火をいただいて、研修のすえ出生する魂の気を、人類のうちに現わしていくことであります。すなわち合気道は「小戸《おど》の神業《かむわざ》」をいただくのがもとであります。合気道は宇宙の大虚空の修理固成です。

世の始まりの霊を生み出して、さらに進んで天地の修理固成、高御産巣日《たかみむすび》、神産巣日《かみむすび》の神、地球修理固成で伊耶那岐《いざなぎ》、伊耶那美《いざなみ》の神に化身いたしました。そして有性、無性を問わず、宇宙の営みの大元素を、ことごとく御生みなされたのであります。人々には伊耶那《いざな》岐《ぎ》、伊耶那美《いざなみ》の二柱の神「いますの生宮《いくみや》」とし、おつくりになり、神の世界から引きつづいて無始無終に、すべての仕組みを生み出して、地球修理固成を、人の責任として、実行さしているのであります。顕幽神《けんゆうしん》の三界は、ことごとく水、火が入っているのでありますが、人は人が主体となって宇宙の仕組みを、この世に移す責任をもたされて、日々天地とともに弥栄《いやさか》えるようになっているのであります。合気道を修業する人々は、この意義を、よく体得して修業することが必要です。

また合気道は天《あめ》の浮橋《うきはし》に立たねばなりません。

正勝《まさかつ》、吾勝《あがつ》、勝速日《かつはやひ》とは武産《たけむす》合気ということでありますが、つまり古事記の宇宙の経綸の御《み》教えに、神習いまして日々、錬磨していくことです。乾《いぬい》と巽《たつみ》の息《いき》は、「ス」がもとで…。天地の修理固成の息《いき》により乾《いぬい》、巽《たつみ》の仕組みによりまして、日々その四隅に御徳をいただきまして、すなわち和の魂の錬成をするのであります。

俗に巽《たつみ》の仕組みは、桃の実の養成であります。

松、竹、梅の木がそろい、乾《いぬい》で方を決め、「三千世界、一度に開く梅の花」がすべての始まりで起こりでありますが、合気もこれから始まるのです。いいかえれば天の浮橋ということです。武産合気の守護神「天の村雲九鬼さむはら竜王」で、神界では、速武産《はやたけむす》の大神で、その御名《みな》のなかに、私達が修業する気の動きがあっているのであります。

また、霊界をこの魂に写しとって、この営みの気を武産合気として、現わすことが必要であります。古事記の営みの実行で、神習っていかねばなりません。

天地の初めにあたり、清く軽きものは天となり、重くにごれるものが地となりました。ゆえに地上は、幾万幾億年を経ましても、なかなか天上のごとく清明無垢ならぬことは自然の道理であります。我々は地上に住むかぎりは、体を霊従の身魂に制御されなければなりませんが、霊主体従に調和して、霊体一致の美しい身魂をつくるよう努力しなければなりません。

神に神習いて、地球修理固成は人が主体となることは前に述べましたが、神の御胸のまにまに神の愛の命を授けられております。この愛の道と反対しないよう、地球を守り、愛の道につくすのが人の道であります。

人は地球修理固成するときに、天の浮橋に立たされるのでありますが、それがすべての発兆です。

空の気を解脱して真空の気に結ぶ

武は人のなす技《わざ》に、喰い込み、喰い合せ、喰い止まって、その動きと動きに仕組むのであります。これは五体の働きであります。よく精進しなければなりません。

五体は宇宙の創造であります。武の神変《しんぺん》は五体の中にあります。この力の宿るところ、すなわち、精気、根気は気が後おしであります。迷い気、邪気、凶気はみな物の疲れた場合に生じます。ゆえに気のありかたが生きる身の中心となってきます。この気の置きどころによって大変な相違が生じてきます。気がついてはじめて力を出すようなことではいけません。

気がまえが自由に出来ておらぬ人には、充分な力は出せません。空の気と、真空の気の置きどころを知ることが第一であります。

真空の気は宇宙に充満しています。これは宇宙の万物を生み出す根元であります。空の気は物であります。それがあるから五体は崩れず保っております。

空の気は重い力を持っております。また本体は物の気で働きます。身の軽さ、早業《はやわざ》は真空の気を持ってせねばなりません。空の気は引力を与える縄であります。自由はこの重い空の気を解脱《げだつ》せねばなりません。これを解脱して真空の気に結べば技が出ます。

解脱するには心の持ちようが問題となってきます。この心が、己れの自由にならねば死んだも同然であります。弓を気一杯に引っ張ると同じに真空の気をいっぱいに五体に吸い込み、滑らかにならなければなりません。

清らかなれば、真空の気がいちはやく五体の細胞より入って五臓六腑に喰い入り、光と愛と想になって、技と力を生み、光る合気は己れの力や技の生み出しではなく、宇宙の結びの生み出しであります。

また、武は技と光を結ぶことに力を入れなければなりません。その結びは中心がなければなりません。中心があるから動きが行なわれるのであります。この中心は腹であります。腹がガッチリしていれば、心は正勝《まさかつ》、吾勝《あがつ》に精進できます。

錬磨精進するときは宇宙と気結びができ、いかほどでも無限に技が出るようになるものです。

十種の神宝も三種の神器もみな、身の内に

大八州《おおやしま》は、島生み国生みの順序に従って、これを斎《きよ》めつつ道を生むのであります。西北（乾《いぬい》）は物と心の始まり、西と東北（艮《うしとら》）はこれに順じて三位一体になります。物は女

(剣《つるぎ》)、心は男（槍《やり》）、右足国之常立神《くにのとこたちのかみ》（女神）を中心にして始まります。
左足を軽く天降《あまくだ》りの第一歩として、左足を天、右足を地とつき、受けることになります。
これが武産《たけむす》合気の「うぶす」の社《やしろ》の構えであります。天地の和合を素直に受けたたとえ、これが天の浮橋であります。片寄りがない分です。これより八尋殿《やひろどの》（気体と気体と正しく打ちそろうた斎場の真を見立て、神定《かむさだ》めたまうところ、また建国の御働《みはたら》きの真をいう）と大神様の目的たるところの大宇宙の御心《みこころ》、御姿《みすがた》の動きを生み、経綸のもと、武は物と心を生むものであります。

武は物と心が満ち足りたるための力を喰い入り、喰い込み、喰い止めて、光と熱と力が充実し、発揮するものであります。

物と心は、一切万物が持つものであります。これが生活の道であります。自己が御中主《みなかぬしの》神《かみ》となって、次に国之常立神《くにのとこたちのかみ》(女神)を造ることになります。天降りの第一歩豊雲野神《とよくもののかみ》が男神であります。

左は発し、右はこれを受ける、物と心を受けて生むのは女であって、これ、魂のモチロの中心であります。

右足をもう一度、国之常立神《くにのとこたちのかみ》の観念にて踏む、右足は、淤能碁呂島《おのころ》、自転公転の大中心はこの右足であります。こんどは左足、千変万化、これによって体の変化を生じます。左足を三位の体にて軽く半歩出します。

左足は豊雲野《とよくものの》神《かみ》でありますから、これが千変万化の無量無限、神変、神秘を表わすことになります。この意義をもととしてすべてに活用するのであります。

また右足は国《くに》之《の》常立《とこたち》神《のかみ》（女神）として動かしてはなりません。すべての気を握るのは、この右足国《くに》之《の》常立《とこたち》であります。

魄を脱して魂に入れば

左は正勝《まさかつ》—豊雲野《とよくものの》神《かみ》（男神）

右は吾勝《あがつ》—国《くに》之《の》常立《とこたち》神《のかみ》（女神）

勝速日《かつはやひ》の基、左右一つに業の実を生み出します。

左はすべて発し兆し、無量無限の気を生み出すところであります。武産《たけむす》の生巣日《いくむすび》、技正《わざまさ》勝《かつ》であります。魂の比礼振《ひれふ》りが起こったら左が自在に活躍します。左で活殺を握り、右手で止めをさす。これが左の神業《かむわざ》の意義であります。技が生か滅か、端的な活殺が武産合気であります。手足の四つは四天、八方、陰陽、表裏を知って動くところに気締りがあります。

「生あるものには必ず休みあり」休みの意義は生きる働きの生み所であります。四角の休み所を保つ場所であります。我々の身の内にはどなたにも三種《みくさ》の神宝と十種《とくさ》の神宝を与えられております。神が、一つの目的の大宇宙をつくられるに当たっては、大虚空をつくられています。何も無いということが大虚空の丸であってまた大虚空の目的であります。この大虚空が一霊四魂三元八力の御心御姿《みこころみすがた》御振舞いが、一つの御姿《みすがた》であります。

合気もまたこれにならって、自分が天御中主《あめのみなかぬし》となって、一霊四魂三元八力の御姿《みすがた》御振舞いを完成します。これに同化して宇宙の大神様の目的に向かって御奉公するのであります。

十種の神宝も、三種の神器もみな、吾人の身の内に与えられてあります。これを生命の動きとして取り出して自由に使わなければなりません。それについて、天の浮橋に立って言霊《ことだま》の妙用たる身内にある赤い血と白い血のたぎりによって、光も熱も力も発してきます。それで、言葉は末の末でありますが、身の内の血のたぎりによって、すべてのものが一声出しても光と熱と力と同時に出て来て、一つの声でも四元（気流柔剛ウの働き）に結ばれて一つの力の姿を現わします。それによってすべての本を生み出すことになります。千種《くさ》の生み親となることになります。

初めてお聞きになる方のために、天の浮橋をもう一度繰り返しておきます。天の浮橋とは、幽遠微妙の理と経綸（真人を通してこの世界へ実在のこれに顕示するその機関）をいうのであります。この真人の赤い血がたぎりて光と熱と力を出して同時に、オの声を発するということは、その真人の、言行心の上がすでに天の浮橋であり、いいかえれば、その真人の魂の動き、および御姿《みすがた》、御振舞い、そのものがすでに天の浮橋でありまして、高遠なる愛の動き、すなわち宇宙の真の顕、およびスとウの働きによってウは働きを二つに分け、霊魂と物質よりなるところの、交流、無限大に、至大無外、至小無内に修理固成の経綸として、やむことなき建国の完成に進む私達に、対する大橋であります。（大橋とは教えのことであります）

天の浮橋に立たねば武は生まれない

初めにスの言霊《ことだま》より「タカアマハラ」六言霊を生みます。六言霊の活力は七十五声の御姿、宇宙の御生成と御親《みおや》の御働《みはたら》きの目的に進むことであります。ゆえに心の数のあるかぎりは言語にもまた、姿があります。

言語の変化のあるだけは、心識があります。この心の糸《いと》を玉の緒といい、あるいは魂線といいます。小宇宙はすなわち魂線、紋理、経綸の実相であります。声の活用と見ておるのは言霊学であり、魂線を糸筋と見て診鑑し奉るのが、天津神《あまつかみ》ホの運用であります。

玉の緒がすでに起こりて心となり、声と鳴り出て色に現われれば象つくりて、眼に入り耳に入る由縁の道筋に染みつきおる物を、性と言い、玉の緒の照りとおる所を識といいます。知量はその全体であり、純情であり、この活用が八九識となって事明細に心の形象を顕示します。そうしてその数は幾万の品を表わします。

天《あめ》の浮橋《うきはし》に立たねば武は生まれません。神と万物が愛と熱と光と力によって、同根一体となって業を生むのが武の本義であり、またこれが善の大愛であるところの主《ス》の大神の目的であり、御働きであります。大神の御心《みこころ》にかなう御経綸の武を生むのが合気の使命であります。それには美わしくこの浮橋に立たねばなりません。

天の浮橋は、天の武産《たけむす》の合気の土台の発祥であります。身と心に、喰い入り、喰い込み、喰い止めて、各自自分の体全体が、天の浮橋の実在であらねばなりません。これが天の浮橋に立たすのであります。

武は生きて、赤き血にたぎりによって生きています。緒結びによって、千種《ちぐさ》を生み出しています。これは、科学した業であります。その大神の使命の受霊《うけひ》をもって、世に立たして使命の上に振い立つ時は、神がその身に仕組みしてゆくのであります。また人生経綸の上において、その使命に向かう時、各身、その使命の常立《とこたち》となり、豊雲《とよくも》となり、またその元源となって、前身が、使命の姿にかわり、光と、愛と、力と、武と、言葉と同時に使命の姿を現わします。

生産霊《いくむすび》、足産霊《たるむすび》、玉留産霊《たまつめむすび》の四魂三元八力の活力は使命の姿の上に科学されて、この世に生み出すことになります。

タカアマハラの六声のラの一声に到っていよいよ活力をもって、気の摩擦作用によって、神霊元子に波動を生じます。この波動の極烈であるのと、遅鈍であるのとの関係により日月星辰の生じ成る理由は、この波動の極速と遅鈍の別があるところから四魂の分類は成立するのであります。

魂線とその活機によって四分類し、これが奇魂《くしみたま》、荒魂《あらみたま》、幸魂《さちみたま》となるのでありまして、みな国之常立《くにのとこたち》の御稜威《みいつ》でありまして、三元八力の顕幽一致の建国の引力の御働きであります。ついては、修業の順序から来る念姿の一例。体内の血はたぎり、前身がタカアマハラの六声の姿となって火の若宮に、全身、言霊《ことだま》となって舞い昇るのを感得します。(テープレコーダーが宇宙の魂線にふれて、くり拡げて発声するごとく）全身、言霊の凝結であります。次に自分の発声するのは発声と同時に宇内《うだい》の魂線にふれて、自己、発声せずとも、大なる宇内は三音を化して、丸く外部に拡がっていくのを覚えます。その次には一度言霊《ことだま》の発声するに従い、宇内《うだい》は自分に集まって来るのを覚えます。以上のごとき精神実在が明るく自分の周囲に、すべての霊が集結して列座するように覚えます。これすなわち、合気妙応の初歩の導きと存じます。

〈合気道生出のために必要な言葉の概説〉

アオウエイにつき

口を一ぱいに開いて、のどの奥底より、呼気を吐き出すこと。この時必ず「ア」と鳴り出す。

ア、空中の水霊にして、無にして有なり。五十連の総名、天に三元の形を持って廻る。自然なり。

ア声はいかに鳴らしても常立《とこたち》にして変化はありません。ゆえにア声を国之常立《くにのとこたち》の神、国底主《くにそこぬし》の神と申します。また伊耶那美神《いざなみのかみ》はこのア声を受け持ちたまい、宇内《うだい》の修理固成に出でます。ア声を出しながら漸次口をつぼめて唇のまさに、相合わんとする時に自然に鳴り出するのはオ声です。

オ、空中の水霊にして、起なり、貴なり、高くめぐりて大地で空に結ぶ（三元の姿）。気息、口内に淀んで口まさに組もうとする時に出る声でありますから、豊雲野神《とよくもののかみ》と申します。またの名、国狭土神《くにのさづちのかみ》。オ声を出しながら口を全く塞《ふさ》ぎきる時、自然に鳴り出るのはウ声です。

ウ、空中の水霊、浮き上がるなり、動なり、生なり、暗なり、三元の呼吸によって空に上下を結ぶ。

ゆえにウ声を宇比地爾神《うひぢにのかみ》と申します。またウ声を強く呼んでその極に達したなら、自然と「ス」となります。ゆえに、ス声を、ウ声の妹神《いもがみ》、須比智爾神《すひちにのかみ》と申します。宇比地《うひぢ》爾《に》の神の字の下にノ上点を施し、須比智爾《すひちに》の神の字の下に＼去点を施したのはアクセントを表わします。ウ声を呼びながら舌をもって下顎を突いて、杙《くい》のごとく、喰い入らしたなら（塞ぎきった目を一転して裏に開く形）、自然に「エ」と鳴ります。

エ、空中の水霊、天地の胞衣《えな》なり、肢なり、枝なり。およそ天位にして親音なり。

エ声を強く呼んで極に至った時、舌は自ら転じて、上顎に杙《くい》のごとく喰い入り、レ声と鳴ります。ゆえにエ声を角杙神《つぬぐいのかみ》と称して妹活杙神《いもいくぐいのかみ》と申します。

イ、次にエ声を呼びつつ全く口中の気息を転回し、圧しつくす時は、自然に「イ」と鳴ります。イ声を強く呼んでその極に到ったなら、自然に「ギ」と鳴ります。これ、声の大なる止りの父、大なる止りの母、であります。ゆえに、イ声を称えて意富斗能地神《おほとのちのかみ》と申し、ギ声を称えて大斗乃弁神《おおとのべのかみ》と申します。

こうして、「アオウエイ」の五声「大母言なり」が成就するのであります。命《みこと》は、御言《みこと》、と教えられてあります。この、五大声音、成立の全面を称して面足《おもだる》の神、と称《たた》え奉り、一切の語源に立ちわたらせたまうので、阿夜可志古泥神《あやかしこねのかみ》を妹と、なしたまうのであります。

「アオウエイ」を口より鳴り出させる形式と造化の御力徳、右に螺旋《らせん》して舞い昇りたまい、左に螺旋して舞い降りたまう御行為により、水火の精台の生ずる摩擦連行の、様相根元をなし、無量無辺の音声、万有一切は成立するということであります。むべなるかな、教えの道。また言霊の学者は多々ありますが、合気の道に必要上、概点を上げて実在の上に行ないます。ゆえに、オ、なら「オ」、ウ、なら「ウ」と発声する折りには、体内の血は躍動し、必ずその活力となり、姿は描かれ、同時に光となり、熱となり、生技発声となります。

またその声も三元に結ばれ、その顔面にも念力をもって、頭全体に舞い昇り、舞い降りる姿となり、同時に全身魂はその発声の活きる姿となります。

人なればこそ付与された霊力の成長に連れて、一霊の本に七十五声の働きを天地万類とともに、生ける言霊の主体となり、代表となって、宇内《うだい》の御経綸に奉仕し、万界、万類を守り、生成化育の大道につくすことになります。

ゆえに人は言霊の造り、固まりたる物といえます。すなわちみすまるの魂でありまして、みな一霊の働きであり、また発声の、五官の内とくに口中は国之常立大神《くにのとこたちのおおかみ》、豊雲野大神《とよくものおおかみ》、「吾人《ごじん》の国祖大親の事」御守り道筋であります。以上は姿の上に実行します。

念を去って皆空の気にかえる

めでたく和久結びされた御祝をのぶ

常磐《ときわ》に堅磐《かきわ》にゆるぎなく天、武産《たけむす》さむはらの合気、もとより愛と光に満々と、赤気・赤血をたぎらせ八尺勾玉の五ほつ統一のたまの真根基、ここによりここにうしはぐべし。

今日の結びを忘れなく神界より現世にたけむす浮橋、この神籬《ひもろぎ》に立ちて、青人草《あおひとくさ》の阿吽《あうん》なすさむはらの気結び我勝速日《かつはやひ》をもって降るべし。

めでたく結びをもって、古事記を静坐してほ結びせよ。真空と空の気の結びである。天《あめ》の浮橋《うきはし》に天照《あまてらす》の大使命をもって天降《あまくだ》りたる天忍《あめのおし》穂耳命《ほみみのみこと》は、さむはらの天降る結びの充つるを汝、身をもって武に結ぶべし。左右の形の結びは天の浮橋をもって左右左せよ。神主となり、猿田毘古《さるたひこ》となりて八大力の引力の業が生まれるはずじゃ。五咋五番の皿を得て天の浮橋に立つは、神と青人草の玉緒結びの急所どころなり。

祝言を伝える合気武道は大神のむすびにして古事記、法に結ぶ天の浮橋に立たして武を生む神と万物が、愛と熱と光と力によりて同根一体となりて業を生むのが本義である。大神の御心《みこころ》にかなう武を生むのが使命である。身と心に喰い入り、喰い止めて己れのものとする口伝杭打なり。武は生きている。武は科学せる業である。大神の使命の受霊《うけひ》をもって下剋上の世に立たして振るい立つ時、神がその身の五体に仕組みしていくのである。悪の国、世のにごりえの中に立つ使命の母をもって、いたくさやげる現世天一柱と一根を失っている世である。これを禊《みそ》ぎて結びをつなげ。

さて、この気体液体の造化によりて身体を受けます。静物の土台、淤能碁呂島《おのころしま》であります。神より生じ、別れて自分の自由というものを許されました。この自由を念に結んで、神を神と思わず自分を中心に自由勝手をする。ゆえに死して皆空の気にかえらず、これを禊して念を払い、皆空の気に帰せしめて国体の所理をする所と、業の道場、すなわち喪屋である生と死の振り替え禊所であります。

武道の道場もまた、この喪屋とその理と義を一つにしたものであります。使命勝てばすなわち生まれ、負ければすなわち死であります。常に使命についての勝敗によって生滅を生じます。

念を去って皆空の気にかえれば生滅を超越した皆空の御中心に立ちます。これが「武道の奥義」であります。

喪屋は死んだ固体の念の結びをといて、禊して、魂は天に昇り魄は地に下り、さらに禊の年月を経て魂に帰ります。すべて狭別禊《さわけみそぎ》の所にして、武の道場また然《しか》りであります。よくよく心に止め置いて下さい。

念、身体にとどまってあれば転生しません。禊がれてはじめて本の始めに帰ります。武道の修業も自らをたて、念を我欲に結んだら精進進歩はありません。これは邪道の武であります。念も身に結ばず心に結んだら、念彼《ねんぴ》観音力となります。刀剣が折れることは神の真空の魂をもって空の気の中、念力との戦いであります。

「念力は魂に勝る能わず。目前の勝敗という形にとらわれて、この真義を見逃すなかれ」

丸と三角は餅のごとく、練りこねて、互いに喰い込み、喰い止めて、固体を生じます。御《み》鏡のごとくこれを神に供え奉る。すなわち神の結びたまう所を素直に従って、感情をはらい奉る結びの義であります。

生屋気体液体の打ちそろう、うけ結びたけ結びの武の館をいいます。喪屋気体液体を魂とし、同体を魄としてもとの初めに通う禊の所であります。

4

合気は息の妙用なり

息のひびきと天地のひびきをつなぐ

我々は神人和合して、この世の紐帯《ちゅうたい》となって、無限の力と実力を整え、和合の道に進んでいかなくてはならない。人の身の内には天地の真理が宿されている。人というと万古不易の真理が宿らぬ者はなく、それは人の生命に秘められているのである。本性のなかに真理が宿っている。

天地万有は呼吸《いき》をもっている。精神の糸筋をことごとく受けとめているのである。

おのが呼吸《いき》の動きは、ことごとく天地万有に連なっている。つまり己れの心のひびきを、五音、五感、五臓、五体の順序に自己の玉の緒の動きを、ことごとく天地に響かせ、つらぬくようにしなければならない。

また、息の動きはすべての万有万神へ、己れの精神から発するところのひびきである。また、魂の糸筋の結びによって、すべてのことが世界に通じるようになる。その根元は明らかである。この明らかな根元をもって、己れの呼吸《いき》や自己の魂の動きによって、この世の邪気を払わなくてはならない。

そして万有万神、顕幽神三界はあまねくは、己れの魂に集まって、ともに和合し、この世の清い営みに、いつまでも尽くすことが合気道の道筋になっている。

ゆえに、これによってこの世に争いのない、闘いのない平和な美しい世界を建設し、この大きな道をもって天地に現わさなければならないのである。これが合気道の行くべき道である。

天地の本日までの仕組みにおいて、たくさんの穢《けが》れができている。これは当然の成り行きであるが、この穢《けが》れを合気道の神髄によって天地の条理を明示して、この世の動きと和合して、この世の穢《けが》れを排除していくことが武産《たけむす》合気の本義である。我々は進んで世界の和合を、微力であっても合気道によって尽くそうではないか。

「気の妙用」によって心身を統一

「気の妙用」は、呼吸を微妙に変化さす生親《いくおや》である。これが武（愛）の本源である。

「気の妙用」によって、心身を統一して、合気道を行ずると、呼吸の微妙な変化は、これによって得られ、業が自由自在にでる。この呼吸の変化は、宇宙に気結び、生産《いくむす》び、そして緒結びされる。

また、呼吸の微妙な変化が五体に深く喰い込み、喰い入ることによって、五体はその働きを、活発にし、千変万化神変の働きを示すことができる。変化とは違う。

こうなって、はじめて五体の五臓六腑は、熱と光と力が生じ結ばれ、己れの心の意のままになり、宇宙と一体となりやすくなるのである。

この呼吸の微妙な変化を感得することによって各自に合気道の業が生ずるのである。

呼吸の微妙な変化は真空の気に波動を生じさせる。この波動は極烈であるか、遅鈍であるかということで、宇宙に種々なる成因をつくる。この波動の極烈と遅鈍によって、心身の凝結が知られる。

技は、すべて宇宙の法則に合していなければならないが、宇宙の法則に合していない技は、すべて身を滅ぼすのである。このような技は宇宙に結ぶことはできない。ゆえに武産《たけむす》の武ではない。宇宙に結ばれる技は、人を横に結ぶ愛の恵みの武ともなる。宇宙と結ばれる武を武産の武というのである。

武産の武の結びの第一歩はひびきである。五体のひびきの槍を阿吽《あうん》の力によって、宇宙に拡げるのである。五体のひびきの形に表われるのが「産び《むすび》」である。すべての元素である。元素は武の形を表わし、千変万化の発兆の主でもある。

呼吸の凝結が、心身に漲《みなぎ》ると、己れが意識的にせずとも、自然に呼吸が宇宙に同化し、丸く宇宙に拡がっていくのが感じられる。その次には一度拡がった呼吸が、再び自己に集まってくるのを感ずる。

このような呼吸ができるようになると、精神の実在が己れの周囲に集結して、列座するように覚える。これすなわち、合気妙応の初歩の導きである。合気を無意識に導き出すには、この妙応が必要である。

こうして合気妙用の導きに達すると、御造化の御徳を得、呼吸が右に螺旋《らせん》して舞い昇り、左に螺旋して舞い降り、水火の結びを生ずる、摩擦連行作用を生ずる。

水火の結びは、宇宙万有一切の様相根元をなすものであって、無量無辺である。

この摩擦連行作用を生じさすことが、できてこそ、合気の神髄を把握《はあく》することができるのである。

天の運化が魄と魂の岩戸開きをする

合気はまず十字に結んで天ていから地てい息《いき》陰陽水火の結びで、己れの息を合わせて結んで、魄と魂の岩戸開きをしなければならない。魄は物の霊を魄という宇宙組織のタマのひびきが魂である。宇宙を動かす力を持っていなければいけない。天の運化が、すべての組織を浮きあがらせ、魄と魂の二つの岩戸開きをする。これをしなくていけない。そうでなかったら本当の人とはなれない。それには心の洗濯が大切である。

合気をするとき気育、知育、徳育、常識の涵養、体育を兼ね備えてなければならない。それではどうすればよいかというと、すべては気である。合気は充分気を知らねばならない。武の気はことごとく渦巻きの中に入ったら無限の力が湧いてくる。

大地の国之常立大神《くにのとこたちのおおかみ》、いまのすべての立て直しをやった姿が合気である。国之常立大《くにのとこたちのおお》神《かみ》、気結び、生産《いくむす》びですべてのことが完成する。どんなことでも出来得るようになる。国《くに》之常立大神《のとこたちのおおかみ》は、天地修理固成の折りの御名である。また、地球修理固成は気の仕組みである。息《いき》陰陽水火の結びである。そして御名は伊耶那岐《いざなぎ》、伊耶那美《いざなみ》の大神と顕現されて、その実行に移したのが合気、どんなことでも出来るようになってくる。

高御産巣日《たかみむすび》の神、神産巣日《かみむすび》の神、心を丸く体三面に進んでいかなければならない。深山幽谷にたてこもった折りには、一人で陰陽の気が発生して結ぶ。これが合気、お互いが息を合わしたら、どんな難しい仕事でも出来あがってくる。また、鎮魂帰神、生活の上に、気を集めて整頓するよう。それで息の仕組みを研究する。ウの言霊《ことだま》を発生する。どんなことでも必ず出来るようになる。私は武一筋に修業してきながら、天地自ずと気が発生して那岐《なぎ》、那美《なみ》二尊の息誘《いきいざな》いならぶの神というのである。息《いき》の並んで巡ってくる姿である。

深山幽谷にこもった折りには、自然と気が発生してくる。天地の合気、心の合気が、そこに結ばれていく。そして魂の合気、宇宙のひびきにあい合致して、大きな仕事が出来ることになるはずである。

稽古もまた、気の整頓をしなければならない。合気自然に気が動いている。そしてすべての仕組みが出来あがってくる。初めは物の霊、物の霊というのは、モチロモチロの気の熱せるは合気相手が来る。どこも見る必要はない。全身が岩戸開きしたる光、金剛不壊の珠《たま》すべてを和と統一に結んでいかなくてはいけない。それをするにはどうすればよいか。

全部、満天に豊満する智恵正覚の力をもってこれをしなければならない。

合気の行を大いに錬磨し和合へ

天運循環し瑞光《ずいこう》中空に満ち燦然。かつ草木霊気を放つとき、我が人類、魂の岩戸を開けば世界の和平は自ら備わる。ときに天地の国祖の神気宇内《うだい》に輝き、日月の妙気この世、この国に輝く。斯道に従す人、この世、この国との隆盛とともに、また、勝速日《かつはやひ》のもとに行こう。私はこの世の禊《みそぎ》の根幹として天の浮橋に立たされると同時に、神気勝速日のもとに天の浮橋に降り、この世のために武産《たけむす》合気として宇内の行に従す、これ合気なり。合気は神の立てたる神の道、その務めのまま禊《みそぎ》の真義を開進する。

武は古より本来、本性における魄の上に造り主の魂を現わし、三界を和合愛育するためのもの。そして那岐《なぎ》、那美《なみ》二尊の島生み、国生みの小戸の禊の営みに神ながらして宇内の隅々まで天の浮橋の霊橋をかけ、世の大橋になって奉公すること。これは須佐之男大神《すさのおのおおかみ》の至誠、至愛、隆臨の際の猿田毘古大神《さるたひこのおおかみ》の誠（これ天の浮橋に立たされ光の中に使いし、神気勝速日の降臨と同時にこの世の美わしき楽土建設のための先走となる。そして一元の本を忘れずに…)。また、この世に神が表れると神籬《ひもろぎ》となり、この世のため奉公、かつそのような世と解明する。そしてこの世の人々とともに、この世のために奉公する。かの須佐之《すさの》男大神《おのおおかみ》、国之常立大神《くにのとこたちのおおかみ》、豊雲野大神《とよくものおおかみ》の神行に参加の須佐之男大神《すさのおのおおかみ》は大地の主神と現われ、観音、また、弥勒《みろく》の大神と宣言される。この神の草薙剣《くさなぎのつるぎ》に神《かん》ながら、宇宙の気、淤能碁呂《おのころ》島の気、森羅万象の阿吽《あうん》の気を貫き、万象の魂の花を開く。(これ天の実に結ばれれば、この世は和合する)。それは三界を守り、育成する道に辛苦する神の御子《みこ》としての責を完遂する。さらに天地に輝く、この世の霊(精神)の声を聞く。さすれば日月はますます光を放ち、精神界は本当の魂が燦然とし、天の浮橋に立たされる。合気である。

このように武は本来、真のくさなぎに奉公し、小戸に神ながらい魂の花を開花、天の使命の実を結ぶこと。これこそ九鬼《くき》さむはらの現われ、その大道においては禊《みそぎ》によって八俣《やまた》の大蛇《おろち》も……。いうなれば万有万象の条理を明示するくさなぎ、これくさなぎの発動と心得る。我々は大いに心徳を磨き、合気の上においても大いに行も磨き、そして明るい清い心を養い、また、これにより和合一致して顕幽神三界を守り、和合し、この世を守る。これが万有愛護の精神の普遍の魂。これが魄の上にすること。そして魂の花を咲かせ、天の上にも花を咲かす天の浮橋。この世の隅々まで魄の上に魂を。かつ己れを審判、魂の比礼《ひれ》振《ふ》りによってである。そして万有万象この世、この世の人々に喜んでくれることによって合気の妙を発揮すること。これ、この世の根元たる一元の本に対し、人としての人の務めを息《いき》にあたる赤誠をもって奉公し、献身活躍をする。この世の分身分業として…。私は合気の真義の行において各位は合気によって悟り、天地晦冥、精神の岩戸を開き己れを育成、己れの勝利栄光を願ってほしい。

合気の仕儀は、宇宙の気、淤能碁呂島《おのころ》の気、森羅万象の気を貫いて、息吹して、そしてこの三界を守り、かつは大地の息に己れの息を合わし、息において生み出す。言霊《ことだま》の妙用の息を私の行によって悟ってともに。

気のみわざ　魂《たま》の鎮《しず》めや禊技《みそぎわざ》　導きたまえ　天地《あめつち》の神

誠一つに質素を旨とせよ

衝立船戸神《つきたつふなとのかみ》から辺津甲斐弁羅神《へつかひべらのかみ》に至って十二神。すなわち禊《みそぎ》の結果生みなし、おわりに三貴神が生まれ、これ天照大御神《あまてらすおおみかみ》、月読大御神《つくよみのおおみかみ》、須佐之男大御神《すさのおのおおみかみ》。この三貴神が生まれて、ますますこの世の中の組織が完全になるよう営まれてくるわけである。それでこの完全に営まれつつあるところの精神を、われわれの教訓にかかげること。ことに今日のような世に、この精神をもととして、誠を尽くすことに専念しなければいけない。これは数々のことにおいて言われている。これにはちゃんと須佐之男大御神《すさのおのおおみかみ》。須佐之男大御神《すさのおのおおみかみ》は大宜都比売《おおげつひめ》を殺されたわけであるが、これにはちゃんとしたわけがある。大宜都比売《おおげつひめ》を殺された理由は神が神を殺すというのは、この世の中に対する教訓であり、それは誠一つに質素を旨とせよということである。

稽古は禊《みそぎ》である。天の浮橋――これがある教えに「三千世界一度に開く梅の花」と説かれている。松竹梅という松は丸い。裏表はない。梅は三角である。三角は四つ寄って、これは神代の巻に書いてある。それがことごとく地球上のことであり、宇宙のこと。その三角を四つ寄って宇宙に気結びし、生産《いくむす》びすることである。気結び、生産びし、三角は造化の三神を意味する。科学の始まりで、この世界は科学によって、かくのごとき世界が造られたのである。また造り主に順応して、息《いき》の凝結せるものが、すなわちこの宇宙である。すべて濁《にご》りが消え、高まっていく。

合気は和と統一である。ことに三千世界一度に開く梅の花ということは、ものの起こりをいう発し兆《きざ》しをいう。例えば立った姿は、これはみな昔から精神的方面を教える。霊系の祖神に神習う。体系の祖神に神習う。自分のその折りに霊系の祖神、高御産巣日《たかみむすび》の大神ずぅーと、この地底までも気をおろしていく。体系の祖神、国之常立大神《くにのとこたちのおおかみ》、これもずぅーとおろしていく。国祖の大神、これらの大神に神習うて、この体は五臓五体という、これは造り主に神習う。両手は頭の働きを代表、五音五感である。伊耶那岐《いざなぎ》の大神、伊耶那美《いざなみ》の大神である。その神習うていかなくては分からない。自分の立った姿が分からなくてはいけないい。立った姿は全部世界と結んでいる。その点ご理解願いたい。気の仕組みは向こうから歩いてくる。それを迎えにいってやる愛の教育、人を殺す教育ではない。そしてキリッと円を描く。愛の教育、伊耶那岐《いざなぎ》、伊耶那美《いざなみ》――息《いき》陰陽水火ならんでまわる。人の息はならんで内外にめぐっている。呼吸を営んでいる、これが伊耶那岐《いざなぎ》、伊耶那美《いざなみ》―これが気の大元素の起こりである。まわってくる伊耶那岐《いざなぎ》、伊耶那美《いざなみ》の愛である。

武の兆しは阿吽の気の禊による

武は全知全能をもって、自然美生み出す。すなわち春、夏、秋、冬の四季の差別、けじめの変化を妙技によって現わし、その現われたものは、いかなる仕組みのものにも技を与える。また不可欠の生命の宿命ある千草《ちくさ》を与えるのも武の務めでなくてはならない。武の使命はこれがあって、はじめて意義がでてくるのである。

この使命を達成してこそ、真空の気、空の気の結びつきによって、森羅万象の阿吽《あうん》の気と連ねることができ、また世の森羅万象あまねくの使命を感ずることが出来る。

阿吽《あうん》の気の呼吸は大乗、小乗を左右に見きわめ、その気をもって自在なる武の神髄を生み出し、最高の美の変化を示す。大乗、小乗の両道に共通する阿吽の呼吸が、左、右、左と巡環に払って禊《みそぎ》すれば、四方八方位に武産《たけむす》が生き生きとして、武の兆《きざ》しが出る。

阿吽《あうん》の呼吸の気の禊によって生じた武の兆しは、世の泥沼から蓮の浄い花咲く不思議なる巡り合わせのように、不思議なる魂の花が開き、各自の使命の実を結ばせ、心で身を自由自在に結ぶ。すなわち魂魄《こんぱく》の結合の武の本義を現わす。この禊は自我の差別をもってなさねばならない。宇宙の仕組んだ、五行の気運に逆らってはいけない。武は宇宙の仕組みから生じるのである。

宇宙の仕組みを守る第一の修業は罪を祓うにある。我が国は古来の例においては、禊祓《みそぎはらい》をもって大儀式を行なって祓う。罪とは人類をはじめ、宇宙の森羅万象の諸法を、至大始祖の一念および無始、無終の原因、結果の生み出しと知らずにいることである。また、身勝手な心、行動は罪をつくる門戸である。

各自はつとめて身勝手な心、行動を祓うべく、眼に私欲起これば眼を祓い浄め、耳、鼻、に私欲あれば耳、鼻を祓い浄め、口に私欲あれば、口を祓い浄め、あまねく六根を祓い浄めるようにし、至大始祖の親心の御意志にそうように修業しなければならない。すべて人は至大始祖の胎内の玉の緒によって、息し、生きていることを忘れてはならない。

日々の稽古から心身一如の上の和合へ

手刀をもっての術、天地の息と自分とは同じものであるはずであるから、動作も陰陽合致の業で手刀に及ぼすこと。自分の心に相手を包むような雄大な気持ちで対すれば、相手の動作を見抜くことができる。そこで、それに合して右、左に体をかわすこともできる。また、相手を自分の心に抱き込んだら、自分が天地よりうけたところの道に相手を導くことができる。例えば打たすべくみせて、それに従って相手に打ち込ませ左、右によけて相手を和すことができる。生死の境を超えて、いかなることに臨んでも九分九厘、死地に入っても明らかに道を求めることができる。これらのことを心において日々、稽古しなければならない。

昔は、兵法を畳の上で道により天地の息をもって相手との距離を水の位とし、それを彼我の体的霊的の距離をなかにおいて相対す。相手火をもってきたら、水をもって対す。相手を打ち込ませるよう誘ったときは、水が始終自分の肉身を囲んで水とともに動くのである。すなわち相手が打ってくれれば、水とともに開くから打ち込まれない。すべて打ち込まれるにも、この真理と合した呼吸で行なわなければならない。これを修めれば、智仁勇おのずからでてくるのである。真一つの大和の魂になり、全身合気ともなり、また、これ無我の境に入ることができる。

すべて斯道は、悟りから悟りへと、本当に美わしい精神を建設することができる。人の心は天地を司るものであるから、天地水火陰陽の理に想いをはせ、稽古することが大切である。

手、足、腰の心よりの一致は、心身に、最も大切なことである。ことに人を導くにも、また導かれるにも、みな手によってなされるからよくよく考えること。一方で導いておいて一方で和す。これをよく理解するよう努力しなければならない。相手が引こうとしたときには、まず相手をして、引こうとする心を起こさしめて引こうとするように仕向ける。術の稽古ができてくると、相手よりも、先にその不足を満足させるように、こちらから相手の不満の場所を見い出して、術をかける。この不満を見い出すのが合気の道でもある。

真の合気道は、相手を倒すだけでなく、その相対するところの精神を、相手自らなくすようになさなければならないのである。地上に現われたものと、その精神とが一如となって、和合するように日々の稽古をしなければならない。

合気道は相手を倒すだけではないのであるから、そのための心身一如の上の和合は、日々稽古をして、それを貫徹して止まぬ精神が肝要である。

鎮魂帰神によってすべてが分かる

これから私は、この世に命の続かんかぎり、あくまで世のために必ず地上に、真の合気道を樹立したいと心得ております。合気道は私の他にないのであります。

みな「ス」の御息《みいき》に基づいてやるのです。この宇宙は「ス」の凝結であります。それでありますから私は、これらを気育、知育、徳育、常識の涵養という具合いにやっていこうと思いまして、今でもやっております。合気は「小戸《おど》の神業《かむわざ》」であります。どういうことをやるのかというと、最初は天の浮橋《あめのうきはし》に立たされてというところから始めなければなりません。天の浮橋に立たされて、「ア」は自ら……、「メ」は巡ること。自ら巡るを天という。水火を結んで火は水を動かし、水は火によって働く。それでこの理によって指導せねばなりません。そういうことで私は最初、息の仕組みからやっております。

円を描く、円の中心を知る。円の中心こそ……。それを、愛の教育に移すのです。いつも中心に立っている地球修理固成の魂の糸筋、一番の中心に立つことです。自分の息《いき》を、こう吸ったら、自分の魂が入ってくる。引く息は自由である。

喧嘩《けんか》争いを起こさんようにするには、喧嘩争いの前に、先におさえる。これが日本の武道です。愛の道が肝心です。愛の道がこの世の力、この世の命です。

武がなければ国は滅びる。すなわち武は愛を守る生命だからであり、科学の活動の根元なのです。

また魂をもって、活眼をもって人を見破ることが出来なければなりません。地道に魂の精神錬成をしておれば絶対に〝こと〟が起こりません。なぜか、それは愛であるからです。

この世界の息の凝結せるもの、これを塩盈《しおみつ》、塩涸珠《しおひるのたま》といいますが、この原理は日本には、まだ見当たりません。

結果にならんまえに、喧嘩にならんまえにすべてをおさめてしまうことです。これが、政治というものです。

合気は健康法にもなります。美容法にもなります。それで行儀がよくなります。たまにはお互いにちゃんと坐ってお互いに挨拶し合う……。決して御無礼なことをしてはいけません。本当の精神の訓練であります。〝気〟ばっかりであります。気育、これを五音と五感というのです。初めに鎮魂帰神をするのです。立ったならば自分が統一していなければなりません。空気を媒介として統一になるのです。呼吸《いき》です。人の身体に、過、現、未の全部をひきしめてしまうのです。その方法が鎮魂帰神、これによって、すべて分かってくるのです。

日本には日本の教えがあります、太古の昔から。それを稽古するのが合気道であります。昔の行者などは生産《いくむす》びといいました。イと吐いて、クと吸って、ムと吐いて、スと吸う。それで全部、自分の仕事をするのです。昔は鳥船《とりふね》の行事とか、あるいは振魂《ふるたま》の行事、いままでの鳥船や振魂の行ではいけないのです。日に新しく日に新しく進んで向上していかなければなりません。それを一日一日新しく、突き進んで研究を、施しているのが合気道です。

すべてのことは、踏み行なっていかなければなりません。自分自身が魂の錬成をして自分が地球を一呑みにするような、立った姿にならなければなりません。自分に与えられた引力の鍛錬によって、それが出来るはずであります。地球修理固成の折りの、魂の糸筋において剣なりなんなり、武術をあらわす。これが私の役目なのです。

みな魂の岩戸を開け、そうしたなれば、すべてが分かるのであります。合気道は無限の力を体得することです。魄の世界は有形であります。ものの霊を魄といいますが、これは気力といいます。合気は魂の力です。これを修業しなければなりません。皆さんおおいに修業して下さるように、お願いいたします。

5

宇宙につながる合気

正しい念は宇宙と気を結ぶ

五体は宇宙の創造した凝体身魂《ぎょうたいしんこん》で、宇宙の妙精《みょうせい》を吸収し、宇宙と一体となって人生行路を修している。

また、人は宇宙生成化育の大道の本旨を受け、現世を守り清めなければいけない。これにはまず自己の肝心な心を練り、念の活力を研ぎ澄まし、心身の統一をはかることに専念することが必要である。

心身の統一は進んで、業の発兆《はっちょう》の土台となり、念で業が無限に発兆する。業は宇宙の真理に合していることが必要である。これには正しい念を思わなければならない。この念をもって、正しい武道の修業をすることが必要となってくる。

武道の修業は、自己の念を我欲に結んだら進歩向上は存在しない。これは邪道の武道であって、自己に振り返って災難をもたらす結果になる。

念は目前の勝敗という形にとらわれることなく、宇宙に正しく、気結びしなければならない。念は五体にとどまっていると、転生しない。結んではじめて生成してくるのである。

このようにすれば、必ずその念は神通力となって、あらゆることが明瞭になってくることであろう。

また、念を五体から宇宙に気結びすれば、五体は宇宙と一体となって、生滅を超越した宇宙の中心に立つことも出来る。これが武道の奥義である。

また、念は宇宙と争ってはいけない。それは気が折れるからである。五体の念は、宇宙から切り離しては考えられないことなのである。宇宙と争う念を起こす場合は必ず身を滅ぼす。念の研磨は、自己の意識せぬうちに、宇宙と同化する。

また「気の妙用」に結ぶと、五体の左は武の基礎となり、右は宇宙の受ける気結びの現われる土台となる。この左、右の気結びがはじめ成就すれば、後は自由自在に出来るようになる。

すべて左を武の土台根底とし、自在の境地に入れば、神変なる身の軽さを得る。右は左によって主力を生みだされる。また左が盾となって、右の技のなす土台となる。これは自然の法則である。この原則を腹において、臨機応変、自在に動くことが必要である。

左はすべて、無量無限の気を生みだすことができる。右は受ける気結びの作用であるからすべて気を握ることができる。すなわち、魂の比礼振《ひれふ》りが起これば、左手ですべての活殺を握り、右手で止《とど》めさすことができるのである。これが神業《かむわざ》である。

宇宙の変化の真象を見逃すな

宇宙の美わしき営みの御姿《みすがた》、御振舞いは、万有万神の条理を明示する律法で、すべて一元の元より発す。

合気道はこの万有万神の条理を守り、そしてその万有愛護の精神を練り、正勝《まさかつ》、吾勝《あがつ》、勝速日《かつはやひ》の境地に立ちて、各自の天命を完成さす道である。

ゆえに我々は宇宙の万有万神の真象を、よく眺め腹中に胎蔵して、それを土台として、自己を悟り、開眼し、行をおこない、反省して、絶えず自己を鍛錬、向上することを怠ってはならない。その結果は心身一如、調和した五体を発展さすことができる。

武を修する者は、万有万神の真象を武に還元さすことが必要である。たとえば谷川の渓流を見て、千変万化の体の変化を悟るとか、また世界の動向、書物をみて無量、無限の技を生み出すことを考えるとかしなければいけない。

合気道はこのように間接に、宇宙の真象の一部を通じて創造されることが可能であるから、どんな微妙な宇宙の変化の真象をも見逃すことなく、注意して修しなければならない。

現在、私には師というものはいないが、私の修業は絶えず、全大宇宙のことごとくが、私の師であり、友であり、顕幽神《けんゆうしん》三界にわたって守護される。木花毘売《このはなひめ》の神の御神業《おみわざ》、和合達成の神ならいの御神意を表に顕わすことに精進を続けている。

全大宇宙を師として精進している私の創造物は武である。すべて武を行ずるものは、自己の体内から武を産みだすことができ、自己の道を開くことが出来なくてはいけない。

合気道は宇宙の条理を明示するか、みな万有愛の達成のため、それぞれ和合一致して顕幽神三界を守り、この世に平和の花を咲かせ、また、この世のすみずみまでの人達が、本当に魄の上に魂をのせ、魂の比礼振《ひれふ》りによって、永遠の美わしい世を建設して、万有万象本当によろこんでもらえるようになれば幸甚である。しかし我々は、この実現にまず合気道の妙をもって、合気道によって、これを達成和合させなければならない。

我々の造化器官は身魂を通じて複雑微妙なる働きを示して武を顕わすが、絶えずこの身魂、すなわち六根を清浄することが必要であり、いつでも魂の比礼振《ひれふ》りを起こさす状態に自分をおくべきである。

魂の比礼振りは、あらゆる技を生み出す中心である、その比礼振りは融通無碍で固定したものではない。ゆえに合気道の技は固定したものでなく、臨機応変、自由自在の技である。

合気道はこの魂の比礼振りによって、生ずるか、根元はあくまで、宇宙の真象のなかより、生ずるひびきのなかにあることを忘れてはいけない。あくまで宇宙の真象をよく眺めるべきである。

合気道を体得すれば自己を知る

合気道は天、地、人の理により悟り、宇宙の大道、言霊の大妙用たることを深く知ることが肝要である。また、この道は世界大平和、地上楽土の大道でもある。我々は常に至純、至美、至真、至善の大愛の宇宙の大《おお》御心《みごころ》を思って、この道の修業をすることが肝要である。

宇宙の経綸は武の大道でもある。我々は昔の武にとらわれて、昔の武人の心を汚してはいけない。それらの人々の心に深く思いをめぐらしてみることである。その求めるところを知ることである。さすれば常に新しく、日々に新たなる宇宙の運化とともに、日々研修し、新しい武を宇宙の上に、地上の上に、生き生きとした武の道を修業しなければいけないということは論をまたない。

宇宙の和合の姿を地上に実践することは、いろいろと大変であるが、実践しなければならぬ与えられた心身がある。これが宇宙の魂をもって、世界大平和に進まなければならないと思う。

合気道は従来の剣、槍、体術を宇宙の和合の理により悟ったものであるが、合気道は人に勝つためではなく、争いに勝つためでもなく、戦わずして勝つためでもない。自己の使命に与えられたる宇宙の使命に打ち勝つことである。宇宙の運化とともに進むことである。この善、正しさを、よく知らなければいけない。

ゆえに、合気道を体得したならば、宇宙の条理が分かり、また、自己をよく知り、分かってくる。たとえば、剣一本動かすにも自己が全部入り、宇宙に同化している。合気道には剣の妙法剣がある。この剣の道は人間の根本義が完成されてなければ邪剣となる。では、一体人間の根本義というものは何か。

それは志操、篤実、品行方正にして、慈善心、至誠心あることを必要とし、真善美を基に、これを保つことである。そして、この発育に精進し、ますます智恵聡明にして鋭敏なるよう、努力しなければならない。すべて至誠であることを要する。

つまり、愛と愛との相固まった至誠の心になって、和合の道へ進まなければいけない。至誠心の養成はまず自己に勝つことから精進しなければならない。

万有万神の条理を明示する神示

一霊四魂三元八力の大元霊が一つなる大神の御姿《みすがた》である。大神は一つであり、宇宙に満ちみちて生ける無限大の弥栄《いやさか》の姿である。すなわち天なく地なく宇宙もなく、大虚空宇宙である。その大虚空にある時、ポチ（⦿）一つ忽然として現わる。このポチこそ宇宙万有の根元なのである。そこで、はじめ湯気、煙、霧よりも微細なる神明の気を放射して円形の圏を描き、ポチを包みて、はじめて「ス」の言霊《ことだま》が生まれた。

これが宇宙の最初、霊界の初めでありま す。そこで宇内《うだい》は、自然と呼吸を始めた。神典には、数百億万年の昔とあります。そして常在《すみきり》、すみきらいつつすなわち一杯に呼吸しつつ生長してゆく、ゆくにしたがって声が出たのである。言霊《ことだま》が始まったのである。キリストが「太初《はじめ》に言葉ありき」といったその言葉がそれで、その言霊がスであります。それが言霊の始まりである。

このス声は、西洋にはこれに当てる字はなく、日本のみにある声である。これが生長してス、ス、ス、すなわち上下左右のス声（十）となり、丸く円形に大きく結ばれていって㊉呼吸を始めるのである。

ス声が生長して、スーとウ声に変ってウ声が生まれる。絶え間ないスの働きによってウの言霊《ことだま》が生じるのである。

ウは霊魂のもと物質のもとでありますす言霊が二つに分かれて働きかける。御霊《みたま》は両方をそなえている。一つは上に巡ってア声が生まれ、下に大地に降ってオの言霊が生まれるのである。上にア、下にオ声と対照で気を結び、そこに引力が発生するのである。

高天原《たかあまはら》というのは、宇宙の姿である。宇内の生きた経綸の姿、神《かん》つまります経綸の姿なのである。一家族も一個人もそれぞれ高天原であり、そして呼吸として生々と生きているのである。

高天原とは一口でいえば、全く至大天球成就すということになる。これ造化開闢《かいびゃく》の極元なり、高天原の意をより理解して、神の分身分業をなしてゆくところに合気道が出来るのである。

宇宙の気、淤能碁呂《おのころ》島の気、森羅万象の気、すべての霊素の道をつづめて、そして呼吸を合わせて、その線を法則のようにして、万有の天の使命を果たさせるのである。そしてその道それぞれについて行なうところの大道を合気道という。

合気道とは、いいかえれば、万有万神の条理を明示するところの神示であらねばならないのである。過去―現在―未来は宇宙生命の変化の道筋で、すべて自己の体内にある。これらをすみ清めつつ顕幽神三界と和合して守り、行なってゆくものが合気道であります。

宇内の活動の根元として七十五声がある。その一つ一つには三つの規則がある。生産霊《いくむすび》(△) 足産霊《たるむすび》(○) 玉留産霊《たまつめむすび》(□) である。

八力がアオウエイの姿であり、国祖国之常立神《くにのとこたちのかみ》の御心《みこころ》のあらわれである。豊雲野大神《とよくものおおかみ》との交流により五つの神の働きが現われるのである。かくて八大引力が対照交流し、動くとき軽く澄めるものは天に昇り、濁《にご》れるもの汚《よご》れるものは下へ地へと降った。天と地が交流するたびに、物化して下降、交流しては下降し、だんだん大地化して来た。これが玉留産《たまつめむす》霊《び》の大神の神業である。生産霊《いくむすび》、足産霊《たるむすび》、玉留産霊《たまつめむすび》の三元がととのうと、宇宙全体の姿が出来上がるのである。

合気とは、言霊の妙用であり、言霊《ことだま》の妙用は一霊四魂三元八力の分霊分身である。

真の武道とは宇宙と一つになること

世の中の人々は、宇宙の真理に明るくない人達が多い。そのために、多くのこれらの人達は、宇宙の律法の何であるかを知らないために宇宙の真理に合しないで、人としての本分の発揮を充分にだしきれずにいる。このため、その影響は良民万類の上にも及ぼし、彼らの苦悩の要因となっている。

このようなことに気づいて、宇宙の生成化育への大道を歩もうとする者は、己れの心身統一をはかり、宇宙の魂を磨いて顕幽神三界を守り、天地和合の大道である合気道を律し、宇宙の真理の律法を明らかにしなければいけない。真実の「和」を達するには宇宙の真理に反しないことが肝要である。

宇宙の変化にも春、夏、秋、冬の四季があるように、人にも喜、怒、哀、楽がある。つとめて一刻一刻といえども、おろそかにしないで宇宙の進化に従って、宇宙に反しないようにしなくてはいけない。生長も破損も宇宙に従うことである。

すべての働きは、みな宇宙の一元の経綸活力の働きであるが、天火結水地である。心身もみなそれぞれ一元の働きである。宇宙の現象は、みな宇宙の真理なのである。

合気道で宇宙の魂を磨く者は、この源をよく究めて、宇宙の真理にかない、宇宙の御心《みこころ》にかなうように、万有愛護の心をもって、世の中の生きとし、生けるものに喜びを与えるように接しなければならない。このことは、やがて己れに宇宙の喜びの大声に迎えられる日がくることなのである。この喜びは合気道を稽古するものの務めの一つを完遂することになる。合気道は、宇宙の真理に合した道である。もちろん、この道に宇宙に反する心はない。この反する心がないということは、生成化育の大道に必要なる要素である。

このような千古不易の宇宙真理に合して、武を修める者は、いまさらいうまでもなく万有愛育の万有一元の心を忘れず、愛と愛との抱き合わせる至誠の道を守ることが必要である。そして我等は合気道を通し天の運化におくれず、一元の御心《みこころ》と御姿《みすがた》を顕わすよう努力しなければならぬ。

合気道の修業に志す人々は、心の目を開いて、合気によって神の至誠をきき、実際に行なうことである。この大なる合気の禊《みそぎ》を感得し、実行して、大宇宙にとどこおりなく動き、喜んで魂の錬磨にかからなければならぬ。心ある人々は、よって合気の声を聞いていただきたい。人を直すことではない。自分の心を直すことである。これが合気なのである。また合気の使命であり、また自分自身の使命であらねばならない。

植芝の合気道には敵がいないのだ。相手があり敵があって、それより強くなり、それを倒すのが武道であると思ったらそれは間違いである。真の武道には相手もない、敵もない。真の武道とは宇宙そのものと一つになることだ、宇宙の中心に帰一することだ。合気道では強くなろう、相手を倒してやろうと錬磨するのではなく、世界人類の平和のため、少しでもお役に立とうと、自己を宇宙の中心に帰一すること、帰一しようとする心が必要なのである。合気道とは、各人に与えられた天命を完成させてあげる羅針盤であり、和合の道であり、愛の道なのである。

私の武産の合気は宗教から出てきたのかというとそうではない。真の武産《たけむす》から宗教を照らし、未完の宗教を完成へと導く案内である。

私はいかなる時、どんなことを仕掛けられてきても平気である。生き死にの執着が全くない。このまま神様におまかせしているのです。剣をもって立つ時ばかりでなく、常に生きる死ぬの執着を絶ち、神様におまかせの心でなければならない。

宇宙の一元の大御親を忘れてはならない

美わしきこの大地の御姿は　主の造りし一家なりけり

本当に立派な、美わしい世界はすでに出来あがっている。我々は人として、この地上に本当の楽しい世を建設しなければならない。つまり、争いのない平和な国にしなければならない。それがために我々は合気道というものをやっている。合気道は、万有万神の条理を明示する律法である。

この宇宙は大きな家族、つまりいうところの世界に一元の大きな心を現わすようにすればよい。すなわち心と、御姿と、御振舞いを全部世のなかに現わせばよい。いいかえれば、物と心の調和した世界を造ればよいのである。どちらにかた寄ってもいけない、物と心とは一つのものである。

現在、物質科学は大いなる進歩をとげているが、反対に精神科学の実在はまだである。人の世は物質科学と精神科学との正しい調和と天地万有の気によって、人の整いし世となれば、この世の争いはなく和平の世となる。それには我々の合気道も天の運化におくれず、また身体の武のみでは、これを達成することは至難である。世を乱すのは、一元の本を忘れるからで、一元は、精神の本と物質の本の二元を生み出し、複雑微妙な理法をつくる。

そして全宇宙を営み、天地万有に生命と体を与え、さらに万有愛護達成の生成化育の大道を営む。天地万有は一家のごとく、一身のごとく、また、過去、現在、未来は我々の生命、呼吸として、人生の化育を教え、我々をして楽天に統一に、また清潔な営みを与える。

ゆえに武を修める者は、一元の本の心を忘れず、至誠を守るようにすべきである。

我々は一元の分身分業としてこの地上の人としてのつとめを充分やっていかねばならない。宇宙でいう一元の大御親《おおみおや》を忘れてはいけない。中心を忘れてはいけない。

中心があって外郭がある、内郭があって外郭がある。つまり中心があって内郭、外郭というものがひとつのものになっているのだけれど、一つの御心《みこころ》のままに営まれているこの宇宙の大精神をそこなってはいけない。

すべてのこの宇宙の美わしき営みをよく知って、この営みについて御奉公しなければいけない。これが本当の合気道のつとめである。

宇宙のひびきを自分の鏡に写しとる

すべてのものをやるさいに、天《あめ》の浮橋《うきはし》に立たされてということになれ、と、こうなる。天の浮橋ということは「三千世界一度に開く梅の花」ということと一緒、これから真の武道が生まれてくる。真の武道は世の成り立ちから始まって、未来永遠に至るところの、すべての気の生み出しの流れのことごとく。

ここですべての発し、兆《きざ》しの祈りを、今日、天の現し世と申し上げる。はじめ、体から申しましょう。五臓五体……。その音感のひびき、五音五感は伊耶那岐《いざなぎ》、伊耶那美《いざなみ》に……。それによってすべて音感のひびき、そして霊界のひびきもみな、この鏡によって写しとって読みとる。それを皆さんに知らせる役。役だけれども私は、いまだに未熟で出来ないけれどもボチボチと、その方に向かって近づいている。

それで、これによってこの気の生み出しが自然に出来てくる。ちょうど俗に八大力、八大竜王、八つの五男三女神、皆……生まれは一つのものである。

合気と申しますと小戸《おど》の神業《かむわざ》である。こう立ったなれば、空の気と真空の気を通じてくるところの、宇宙のひびきをことごとく自分の鏡に写しとる。そしてそれを実践する。

相手が歩いてくる。相手をみるのじゃないひびきによって全部読みとってしまう。相手が歩いてくる折りにじゃなァ……。全部知らなければいけない。合気は相手がきたらスパーといく。今ここに相手がくる。坐って立とうとすると必ず分かる。あまれるところをもってホイ。小戸の神業である。

今日のすべての世の中の出来事は、神さまがなさる。そして立て直しは各自がしなければならない責任がある。

ここで相手が木刀を持ってくる。相手を絶対に見ない。合気は相手の目を見たり、手を見たりしてはいかん。自分の心の問題、絶対に見ない。こういう具合いに……。いわば法華経の念彼《ねんぴ》観音力である。

合気というものは、初め円を描く。円を描くこと、つまり対象力。相手に指一本ふれないでも相手は跳んでしまう。この一つのものをつくりあげるにも十年くらいはかかる。これからは大飛躍をしよう。

円の本義

円の動きのめぐり合わせが、合気の技であります。技の動きが五体に感応して、おさまるのが円の魂であります。

円は皆空で、皆空の中から生み出すのが心であります。皆空とは自由自在のことであります。皆空に中心が生ずるとき気を生み出します。皆空の中心より無量無限の宇宙に気結び、生結《いくむす》びするのが魂であります。魂は一切を生み出すものであり、不滅の生み親であります。

円を五体の魂におさめると、技を生み出す仕組みの要素を生じます。生むは無限でありまます。すべてを豊かに満ちたる仕組みになすのが円の現われであります。

円は宇宙にある一切の万物生物を、気結び、生産《いくむす》びの形にて、生成化育し、守護の仕組みを生じさせます。世の中の因縁も円《まる》い動きのめぐり合わせであります。合気の武も円いのであります。

また、合気をもって物と心を合わせ、生き栄えていく仕組みをもつのが魂の円でありま す。宇宙の気はすべて魂の円におさまります。おさまるがゆえに技も無限に包蔵され、生み出すこともできます。これが合気の魂の円であります。

この魂の円がなければ栄え、また精進、魂魄《こんぱく》和合のはこびはできません。これがなければすべての五体への還元はなくなるのであります。円の魂の皆空は宇宙一体に帰します。

これは合気の武の根元でありますが、魂の円を体得した極意には、相対の因縁動作を円に抱擁し、掌《てのひら》に握るごとく、すべてを吸収します。己れに魂があれば、人にも魂があり、これを気結び、生産びして円の本義の合気を生み出させれば、円はすべてを統合します。いかなるものを自由にとけるのが円であります。

円の極意は皆空の中心をつき、技を生み出すことにあります。

武産合気をもって宇宙の修理固成に進む

日本の道を産み現わすことを武産《たけむす》といいます。顕界、幽界、神界の三界を大昔、つまりは万古より守護いたしております木花之佐久夜毘売《このはなのさくやひめ》の神宮の御神業、すなわち和合達成に神習い、世を守るのが日本の道でなければなりません。

私は世界の一分身、一分業としてこの日本の道を愛護するために、日夜の精進をつづけております。

世の初めより、宇宙は生成発展、天運循環を重ねて称美弥栄《いやさか》してますます世界に、我が国土に栄光を放ちつづけております。我々は宇内《うだい》創成の大精進に則り、世のため国のために万有の上を憂い、武産合気の実行に移さなければいけません。

また、武産合気は宇宙真理完成の誠の現われであります。この宇内の創成は、つまりこの世の初めなき初めは、いとも精妙なる大気が大空に満ち満ちていたという。その御心《みこころ》の真中を指して「ス」の大神と名づけたてまつっている。この大きな一つの大気の大御心《おおみごころ》は、絶対なる至仁至愛の根本の大精神であります。宇宙の大精神です。この絶対であります大愛の御心は一気運化して、美わしき楽しみやすい顕世界を建設しようという目的であります。道も宇宙剖判《ほうはん》も言霊《ことだま》の魄も物も、これを現生するという。このような世の生命である根元、至仁至愛を守る愛の働きは言霊《ことだま》の妙用となるのであります。これは禊《みそぎ》の道となるのであります。

我々は万有万神の律法を明らかにし、宇宙の真理を把握して、身をもって自己に与えられたる使命に進んで、各位の人生の務めを達成しなければなりません。それは至誠の道を錬磨することです。至誠の心は本《もと》を忘れず自己を知り、完成するの道であり、和と統一への道であります。世の完成を望む人々は、自己もまた完成しなくては、人の本当の務めはできないと思うのであります。

至仁至愛の一大気の運化は、また合気の起源であります。ゆえに至仁至愛、万有愛護の大精神をもって合気と名づけるのであります。そして万有の生命を通して、各位の万有の使命を達成しなくてはいけません。万有に呼吸を与え、愛護する精神を合気というのです。合気の道を究めるには、まず真空の気と、空の気を性《さが》と技とに結び合わせ、喰い入りながら技の上に科学をもって、錬磨するのが修行の順序であります。

合気は宇と宙は一家のごときであります。人類万有呼吸を合せて、相ともに絶対愛の中心に根元の真の道を忘れてはなりません。前に述べたように自己に与えられたる自己の使命を遂行する。これまた合気であります。これ、日本では正に勝ち、吾に打ち勝つの意義であります。しかしいまだ昔から日地月星の戦をみない。これは寸分の休みなく、天の使命を尽くしているのであります。万有に絶対愛の恵みをたれたもうている。人は、この間にいて合気、武産合気《たけむす》をもって大愛の一大気に同化して神人合一し、宇宙の修理固成の道業に進まなくてはいけないと思う。

また天地経綸の司宰者たる人類は、ますます美わしき浄土を、この地上に建設して天地生命長久弥栄《いやさか》のため、人類万有大和合浦安のもとを築かなくてはならない。これまた合気であります。

神々が合気の出現を寿ぐ

合気は和合の道、全人類、全宇宙が大きく和して一体をなすべき万物本来の姿の現われである。すなわち宇宙の中心は一つであり、その動きが宇宙建国の営みとなってこの世に経綸を行なう。かくて大東亜戦争終了と同時に世の濁りを浄めるため合気道が現われてきたのであります。

今まではそれがなかった。対立と抗争、だが、いたずらに世界制覇の野望を持った傲《おご》れるものは滅びていき、和合する神々の魂の働きによって、日本が真の平和の王国をなす時期がついに開かれたのです。全大宇宙はみな同じ家族であり、世界から喧嘩《けんか》争いや戦争をなくす。この世界は美しき愛の世界、一つの造り主の愛の情動の世界であります。愛がなければ国が、世界が、宇宙が滅びる。愛より熱も出れば光も生じ、それを実在の精神において行なうのが合気道であります。

それを人が行なう。人は最後に創られたものだからして、生命と祈りとで造られている。いいかえれば宇宙の要請によって造られた、すなわち引力の固まりである。ゆえに人々はすべてのものの主体となって宇宙の経綸を行ない、造り主の御心《みこころ》を表に出すよう努めなければならないのであります。

それには人それぞれの方法があるが、幸いにも皆さんは最高学府で学ぶ機会を得ている。学問というのは学校に行って何をするかというと自分の魂を開くためであり、その案内者にすぎない。ところが、現在は教師も学生もそれを箱につめるばかりで、開く間がない状態である。古今の学者や聖者の言も、みな必要あってこの世に示されたものであり、数百億万年この方、天之御中主《あめのみなかぬし》より高御産巣日《たかみむすび》、神産巣日《かみむすび》、国之常立《くにのとこたち》の神々につづく諸神諸仏、八百万《やおよろず》の神々に至るまで、すべてはこの現われにほかならない。それが人になって正勝吾《まさかつあ》勝勝速日《がっかつはやひ》天之忍穂耳命《あめのおしほみみのみこと》となって、常時たゆまず今日の光栄を築いて来た。人はその経綸を行ない、特に日本がそれを行なわなかったら世界はどうにもならず、争いの絶える時はありません。その責任は我々の一人一人にあり、皆さんもその気持ちを持ってしっかりと修業し、この世界に当っていっていただきたい。それは同時に自己の完成であり、それぞれの分野で立派に花を開き、実を結ぶことです。

座禅を行なってみましょう。鎮魂帰神の方法は正坐と中坐にありますが、正坐は顕才二十分、幽才四十分を行ないます。

まず顕才の方から行なうと、現在の営みの世界を同化する。皇御国《すめらみくに》ということは日本であり、日本ということは世界、世界ということは宇宙となり、小戸《おど》の神業《かむわざ》とは地球救済の業であり、その神業を勤修することが合気道の主なることとなっております。現在でも世の中が面白くない人がありますが、この汚穢《おえ》を大祓《おおはらい》するために合気が現われたのであり、この際、国之常立大神《くにのとこたちのおおかみ》の御前《みまえ》に、世の中の中堅になっている人々が禊《みそぎ》の大祓を勤修する時代となって来たのです。

幽才は目をつぶって宇宙の根元、造り主に遡ってゆく。それには自己を宇宙の成り立ちに突き戻し、宇宙建国のおもいが大虚空の中に忽然として現われて、その根元から宇宙の成り立ちの気の動きに持っていかねばなりません。そして宇宙の造り主たる「ス」の御親《みおや》の愛善の情動の動きによって現われたる、明るい営みの世界に同化する、すなわち自分というものは魂、それは造り主の分け御霊《みたま》であるから満天に自己の智恵正覚を豊満せしめ、智恵光の力をもって大宇宙を一のみとする。それはこの世の出発点「ス」のいわれを知ることであり、これよりすべてのことが出て来る。それには気を練らねばなりません。それによって自分の「ス」のいわれも分かって来る。方法は合気の修錬の折に指導者によって学んで下さい。和合するには前述のごとく一人一人が心の洗濯をし、気の立て直しをすること。実際に行なってこそ合気道であり、万有の修理固成を明らかにしてそれを自然に行なう。それが祭政一致の本義であり、さもなくばこの世界は闇になる。八俣《やまた》の大蛇《おろち》というのも穢《けが》れが固まって形となったものであり、それを大地の主である建速須佐之男命《たけはやすさのおのみこと》が退治した。草薙《くさなぎ》の剣は建速須佐之男命《たけはやすさのおのみこと》の御心《みこころ》であり、合気道のしるしである。そして三種の神器はことごとく、我々民衆、人類の中にあるのです。

　正坐をやってみましょう。心で鼻の奥を眺め、へその緒まで通す。ひびきで開く。宇宙の営みの世界を感じ見る。匂い、色、気の営み。左の足の親指で右を包む。左は伊耶那岐《いざなぎ》、右は伊耶那美《いざなみ》にして体、その本能によって経綸が行なわれる。また伊耶那岐《いざなぎ》は火、伊耶那《いざな》美《み》は水、宇宙の気をいざないならう。南は火であり、火は北の水に向かって進むのです。

現在までのところ、科学は相当に進んだとはいえ、まだ霊子《ひこ》あたりにとどまっている。それがいかにして生まれて来たかを明らかにするのが合気であって、では、霊子がいかにして生まれて来るかといえば、霊界の気を受けて生まれて来る。武道と神ながらの道、これまでの武道はまだ充分それに達してはいなかった。なぜなら、今までが魄の時代であり、土台固めであったからです。すべて目に見える世界ばかり追うと今までのようなことになり、それではいつまでたっても争いが絶えない。目に見えざる世界を明らかにし、この世に平和をもたらす、それこそが真の武道の完成であります。

修法は、指を結び目をつぶって下さい。すべて心が定まってくると姿に変わって来る。深呼吸のつもりで魂で宇宙の妙精を集め、それを吸収する。なぜかといえば自分に必要だからみな吸いとるのだ。まず自分の腹中を眺め、宇宙の造り主に同化するようずーと頭に集め、造り主に聞く。すると気が昇って身中に火が燃え、霊気が満ちて来る。それでいいのです。

天《あめ》の浮橋《うきはし》についていえば「ア」は自ら、「メ」はめぐる。「アメ」は愛、アミ、アーメンにみな通じる。仏教も、神道も、キリスト教も、みな必要あってこの世に現われたものです。正勝《まさかつ》吾《あ》勝《がつ》勝速《かつはや》日《ひ》天《あめ》之《の》忍《おし》穂耳《ほみみの》命《みこと》は日本における初代天皇として定められ霊子《ひこ》をはらむ。

その子、日子番能邇々芸命《ひこほのににぎのみこと》、木花之佐久夜毘売《このはなのさくやひめ》を娶《めと》り、日子穂々出見命《ひこほほでみのみこと》を生みたまう。それが竜宮に下りて豊玉毘売《とよたまひめ》と見合いして天津日高日子波限建鵜葺草葺不合命《あまつひこひこなぎさたけうがやふきあえずのみこと》をもうけ、かれ姨玉依毘売《みおばたまよりひめ》に娶いまして生みませる御子《みこ》が神倭伊波礼毘古命《かむやまといわれびこのみこと》、すなわち神武天皇であります。大国母陛下となられた玉依毘売《たまよりひめ》は白玉にして塩涸珠《しおひるのたま》、豊玉毘売《ひめ》は赤玉にして塩盈珠《しおみつのたま》なり。天の気は日日、地と結んで潮の干満、その玉をいただいて行なうのが合気道であり、天の気は陰陽にして万有を生み出す。「ウ」は浮にして縦をなし、「ハ」は橋にして横をなし、二つ結んで十字、ウキハシて縦横をなす。その浮橋にたたなして合気を産み出す。これを武産《たけむす》合気といいます。

今までは形と形の物のすれ合いが武道でありましたが、それを土台としてすべてを忘れ、その上に自分の魂をのせる。自分に愛の心が無かったら万有愛護の大業は成りがたく、愛のかまえこそ正眼の構えであります。無形の真理、日本の武道は相手をこしらえてはいかぬ。無抵抗主義、これこそ霊界の処理法であり、念彼《ねんぴ》観音力と申します。武の極意は形はない。心自在に生ず。気は一切を支配する源・本であります。

このことはすべて猿田毘古《さるたひこ》の大神のお導きにして、昭和十七年十二月十六日、午前二時より三時の間、日本中の神々が現われて合気の出現を寿《ことほ》ぎたまう。大和魂の錬成、松竹梅の剣法、天地合体して両刃《もろは》の剣、精神の発動によって世の濁りを洗う。それには第一にこの大東亜戦争を止めさせねばなりません。あまりにいうことが大きいのではじめお受けしかねましたが、各地からいうて来るので御神意により、岩間に三十六畳敷の合気神社を建てました。やがて広島、長崎に原爆落ち、いよいよ決意を固めた時、陛下より宣言があって戦争終了。それ以来、日本のことはみな合気と結んであります。神ながらの道と興武を行なって復興すべし。天《あめ》の村雲九鬼《むらくもくき》さむはら竜王、この御名《みな》の中に合気の技ことごとく含まれ、汝は血縁結んでおるぞよ。すなわち私が伊豆能売命《いずのめのみこと》になったわけであります。伊豆《いず》能売《のめ》とは経魂たる荒《あら》、和《にぎ》、二魂の主宰する神魂を厳《いづ》の御魂といい、緯魂たる奇《くす》、幸《さち》二魂の主宰する神魂を瑞《みづ》の御魂《みたま》といい、厳瑞《いづみづ》合一したる至霊魂を伊豆能売《いずのめ》の御魂というのです。

しかし行なわねば何もならない。とはいえ一人では行なえぬ。幸いここにも若い血気の方々が集まっていらっしゃる。皆さんが行なうのです。力は民衆にあり、すなわち建速須《たけはやす》佐之男命《さのおのみこと》であり、それが人類そのものの大きな力となって動いていくのが草薙の剣の御神剣発動であります。古典の古事記と合気の御神宣とその本は一つであり、合気には世界中の神々の期待がかかって皆さんの成長を待っている。私はその案内者にすぎず、私が教えるのではない、神に聞くのです。橘の小戸の神業、禊《みそぎ》の技、これが合気道であります。形より離れたる自在の気なる魂、魂によって魄を動かす。この学びなれば形を抜きにして精進せよ。すべて形にとらわれては電光石火の動きはつかめないのです。

一切の力は気より、気は空に結んでありのままに見よ。箱の中に入れるな。気はいながらにして淤能碁呂島《おのころじま》を一のみに出来る。気の自由を第一に悟れ。気の流れを知りつくせ。朝夕神前に一時間鎮魂をせよ。智恵の光をもって自己を知る。日の本の「ス」を知るのであります。

始め霊界を造らねば気を生まれぬ。「スーウー」 スは成長してウ声に移り、ウは成長して二つに分かる。天地、陰陽、水火、すべてかくのごとく、スの一魂より生々化々してやまざるの御神徳を発揮して、今日に至っているのであります。「ア」が生まれる。大地のひびきが「アイウエオ」天からの気が下って「アオウエイ」神の御柱《みはしら》、その霊の働きによって一霊四魂三元八力、全身に拡がる大きな動きは宇宙に気結び、緒結びされる。アは空中の水霊にして無にして有なり。五十連の総名。天に三元の形をもって廻る。自然なり。御《み》中《なか》というのは、天《あめ》の御中主《みなかぬし》、身体は父母より受け、霊は天より受く。天之御中主はポチ(ヽ)であります。大八州《おおやしま》を生みだした気の動きがすべての本をなす。それを八力、合気では⦿△□(かたまったもの)その息をカタカナといいます。七十五声の本能の動きがすべて言《こと》霊《だま》となるのであり、この言霊の動きを無限に出したら世界が動く。

野外道場に立つは布斗麻邇《ふとまに》の古事記をもって一緒にやることであり、世界の経綸はことごとくこの中に入っている。春夏秋冬も心の動き、気は力の本であるから、最初は充分に気を練っていただきたい。日本を創るのは自分自身、魂は自分自身で創るのであります。

（学生合気のつどいにて）

6

合気とは禊である

誠の心が千引きの石《いわ》

合気は、その昔、宇宙の始まりから宇宙全体の条理で働いている。教えに「三千世界一度に開く梅の花」ということがあるが、これは地球修理固成の折りの御名である。みなその折りに神が化身し、地球修理固成の際、伊耶那岐《いざなぎ》、伊耶那美《いざなみ》の神となられ、天もなく、その一番初めが「三千世界一度に開く梅の花」ということで世の発し兆《きざ》しをいうのである。それでいちいち昔から世を組織するためには、大虚空をつくる。ちょうど、朝の曙《あけぼの》みたいなものである。造り主の御姿《みすがた》が現われる折りに、本当に曙のように大太陽がそこに現われる。全体が太陽で陽に向って進んでくる。

また大きな陰陽の月の世界も現われてくる。そして呼吸に陰陽をつくる。息《いき》も陰陽も一つであるが、それがつまり「三千世界一度に開く梅の花」で、そして各々の魂も年々新しく蘇ってくる。ちょうど朝の曙のごとくそれは、ほのめいてくる。若返って新しく、世を生みなしていく。そのときは天もなく、地もなく宇宙もなく大虚空に、その気が満天に拡がって、大太陽のごとく、ほのめいて明るい世界が生まれる。

それと同じように我々は世につれて世の組織にはいり、また世の組織をば、神習うて我々もまた、立派な美わしい喜びの世界をつくることに進んでいきたい。合気道は、その折りのご奉公になっていけば誠に嬉しいと思っている。それはちょうど、ここで教えている松竹梅。最初は松の教え。松というのは裏表がない。顕界もなく幽界もなく、そのまま自分の身に、人は産霊《むすび》でそれでよく、自分で神習うて御稜威《みいつ》のもとにやらなければならぬ。それはどういうことか。我々の世界は昔から世に聖者はいく人も出てくる。春の朝を迎える折りは、みな日の出を拝むであろう。それで我が地球、自然、山河草木はことごとく霊気をはいている。山も河も海もすべてのものが、一つになって霊気をはいている。ことに我が国は昔から神州清潔の民としていわれ、天に一日あるごとく、みな太陽を中心として結んでいると。地上もまた、この組織と一緒でなければいけない。我々はどこまでも天地の恵みをいただいて、ともに織りなすところの新しい世界を、日に日に新しく進んでいるのである。これが修理固成を神の御稜威《みいつ》にともなって神習うて、ともに協力していかなければいけない。これが人の務め、合気道もそうである。

伊耶那岐《いざなぎ》、伊耶那美《いざなみ》の二尊が修理固成の際に、伊耶那美《いざなみ》の神は火の神をお生みになって、黄泉国《よもつくに》に帰りたまうとき、黄泉国《よもつくに》というのは穢《けが》れの国のこと。それで伊耶那岐《いざなぎ》の神はお迎えに降りたけれど、黄泉国《よもつくに》と一緒にしたために、穢《けが》れが多くて帰ることができない。それからお帰りになろうとすると、妙なもので、一つの邪気というものは、それとまともになっているときは抑えているけれど、お帰りになろうとすると、それにつれて、ずっと邪気と穢《けが》れという陽炎《かげろう》の気がついてくる。

この穢《けが》れを祓わんためにいろんな動作に移った。それが黄泉比良坂《よもつひらさか》の戦に及んでいったのである。そこで最後に桃の実の三個を投げて邪気を祓うたと。

桃の実というのは意富加牟豆美神《おほかむずみのかみ》と御名をたまわりたりと書いてある。それで桃の実は意富加牟豆美神《おほかむずみのかみ》といって、つまり我々は立派な世を組織するために、国をつくるために、大和の魂の気の錬成である。それでちょうど地引きの石《いわ》……。千引きの石というのは、大和の魂のような、お互いの誠である。皆さんのような日々誠の心をもって日々の稽古をしていくような人々が千引きの石である。

千引きの石《いわ》を境にお互いに、事戸《ことと》渡したまう。そこで早速、筑紫の日向《ひむか》の橘の小戸の阿《あ》波岐原《はぎはら》の禊《みそぎ》場にいって、そこで禊《みそぎ》をなさった。その禊《みそぎ》については、衝立船戸神《つきたつふなどのかみ》から生まれたというのは、持てるものはみな穢《けが》れてきたからまず杖を投げ捨てた。つまり杖とも柱とも神の御杖で、それ自身が立派な神さま、邪気におそれて用をなさんからといって杖を投げ捨てた。投げ捨てたところが、ちょうどお生みになったのが衝立船戸神《つきたつふなどのかみ》である。上のことは下に分からん、下のことは上に分からん。

自分の心で世の中のことが分からんようになってしまった。それは地球に穢《けが》れがあるから……。地球の祓いをしなければならない。そうしないと喧嘩《けんか》争いが絶えない。

顕幽神三界を立て直す

我々には、武道をよりよくしなければならぬ使命がある。我々は神の御胸《みむね》を体して、そしてそれを実践に移さねばならぬ。今日までの武道は良いところもあるが、それだからこそ、よりよくしなければならぬのである。

今はちょうど、古事記の禊《みそぎ》の段に至っており、武道が始まって、そして我々に授かった。これこそ真の武道で、それが筑紫《つくし》の日向《ひむか》の橘《たちばな》の小戸《おど》の阿波岐原《あはぎはら》の聖域において、禊《みそぎ》をして、それで御杖の衝立船戸神《つきたつふなどのかみ》から辺津甲斐弁羅神《へつかひべらのかみ》までの十二神をお生みになり、そのうえに三貴神をお生みになった。それは身に持てるところの、それを投げ捨て、立て直しをなさった。ところが、それだけではまだいけない、そこで身にしみこんだところの……。この水の上にそそぎたまうときに上津綿津見神《うはつわたつみのかみ》、上筒之男命《うはつつのをのみこと》、また中津綿津見神《なかつわたつみのかみ》、中筒之男命《なかつつのをのみこと》、底津綿津見神《そこつわたつみのかみ》、底筒之男命《そこつつのをのみこと》、と。こういうように三段禊《みそぎ》を始めている。水中においての禊《みそぎ》で、この水の世界にも顕幽神の三界がある。顕幽神というのは、つまり顕界は、この世の世界、また幽界は仏教の世界、神界は魂の世界。この三つの世界を建てかえ、立て直しをしなければいけない。それだけのことが全部、我々の、人たる道にむすんでいるので、そのむすんでいる全部を喰い込み喰い入り、喰い止まっているよう、全部己れから立て直しをしていかなければならん。今度は松の教えから立て直しをしようと思っている。顕界と幽界、神界のこの三階級を全部これを立て直ししなければならぬ時期に現在は来ているのである。

合気というものは、小戸の神業であって、禊《みそぎ》である。禊《みそぎ》そのものが武道で、これは誠をつくさなければいけない。それだけに我々は、自分自身の身から清めていかなければならぬのである。そしてこの世を清めていく禊《みそぎ》の段である。

禊《みそぎ》によって浄められた世は、泥沼から蓮の浄い花が咲く不思議なる巡り合せのように、不思議なる魂の花が開き、魂魄の結合の武の本義を現わす。禊《みそぎ》は自我の差別をもってなさなければならぬ。五行の気運に逆らってはいけない。武の宇宙の仕組みから生じるのである。宇宙の仕組みを守る第一の修業は罪を祓うにある。罪とは人類をはじめ一切の生物類および宇宙の森羅万象の諸法を、至大始祖の一念、および無始無終の原因、結果の生み出しと知らずにいることである。また身勝手な心、行動は罪をつくる門戸である。至大始祖の親心の御意にそうように修業しなければならぬ。至大始祖の体内の玉の緒によって生きていることを忘れてはならない。

合気は小戸の神業である。筑紫の日向の橘の小戸の神業のこと。我々の仕事は阿曇《あづみ》の連《むらじ》をいっている。阿曇の連ということは、真人養成の道、この世の良民として生きること。真の人のことをいう。その養成の道。また聖者をつくるための養成の道もある。我々が今やっていることは己れの肉親をもって、伊耶那岐《いざなぎ》、伊耶那美《いざなみ》の神に神習うて、地球、宇宙組織を営むところを神習うて、全部の立て直しのことに、奉仕しなければならない国家修斎の道である。であるから充分に修業して立派な成果をあげるように。私はこの世のために和と統一をもって進んでいきたいと望んでいる。大なる禊《みそぎ》である。心あらため、お互いに刻苦勉励して一つ立派な世を生み出したいものである。我々の行ないは、八百万《やおよろず》の神々、顕幽神三界、これをことごとく生かして、和合し腹中に胎蔵し、これを生かさなければならない。

魂に神習うていく己れの岩戸開き

合気は和と統一に結んでいくのである。梅と松の仕組みである松竹梅の教え。これは何億万年前の昔からの仕事である。これは艮《うしとら》の金神の神の御教《みおし》え、そして小戸の神業で、真人養成の道である。ホノサワケの島。天の浮島というのは「ア」は自ら、「メ」は巡るといい、自ら巡るというのが天の、浮島の方は……二つのものが水火結んでいく、霊界も顕界も一つにする。アオウエイという天の御柱《みはしら》、スーウーユームー　合気は気の仕組み、魄と魂、魄は宇宙組織の魂の糸筋を磨いていく、魂に神習うていく己れの岩戸開きである。魄の息吹き魂の息吹き、この二つの岩戸開き、そして宇宙を己れの道場とする。宇宙にすべて神習うてやるのである。天の浮島「三千世界一度に開く梅の花」。宇宙の成立から今日に至るまで、なお未来永遠に至るまで気の仕組みである。気育、知育、徳育、常識の涵養と相まって体育、すべてのこと。

一霊四魂三元八力……。この仕組みは各宗教に、ことに阿弥陀如来では南無阿弥陀仏。南無阿弥陀仏ということは、あるいは小戸の神業という。筑紫の日向の橘の小戸の阿波岐原に始まる。これは禊《みそぎ》である。宇宙の組織の教えである。いつも我々は気を通して魂を磨く。そして太古の昔に舞い戻って太古から立て直しをする。年月を経ると穢《けが》れが多くなってくる状態になってくる。中にはちゃんとしたものもあるが、「気の仕組み魂の鎮《しず》めや神のさむはら」ここから人類が発生した。そして正勝吾勝勝速日天之忍穂耳命《まさかつあがつかつはやひあめのおしほみみのみこと》となって、それで邇々芸命《ににぎのみこと》が高千穂の峰に天下り立ちたまう「気の仕組み魂の学びや禊抜《みそぎわざ》」。みなこうなっていくのである。

一挙一動ことごとく水火の仕組みである。いまや全大宇宙は水火の凝結せるものである。みな水火の動きで生々化々大金剛力をいただいて水火の仕組みになっている。水火結んで息《いき》陰陽に結ぶ。みな生成化育の道である。稽古は中心に立つ空気を媒介として己れの魂より結んで稽古をする。いまや天運循環している。稽古は水火の仕組みを練る、習うている。伊耶那岐《いざなぎ》、伊耶那美《いざなみ》二柱の神つまり天の道を行なう。統一が一番大切である。それは梅の花。これを充分に研究しなければならない。吐く息はエイーと、円。衝立船戸神《つきたつふなとのかみ》から辺津《へっ》甲斐弁羅神《かひべらのかみ》に至るまで、世の中のことは。組織は喜びの世としなければ、そしてこのように立て直しを行ない、立派な魂の花を咲かせることである。

生成化育の大道

無色無形の主の大精神は無色透明にして至粋、至純、至聖、至美、至真、至善、至大愛にして、神習いを第一とする。そして禊《みそぎ》の技となり合気の道となり、言霊《ことだま》の妙用より宇内《うだい》世界の清め、ことに天地国土の禊《みそぎ》となる。これ合気の道と心得、また合気道は神習い、宇《う》内《だい》万有万神の条理を明示する律法である。

世人の中には、宇宙の真相に疎《うと》き人が多い、律法のなんたるかを知らず。ために大御神《おおみかみ》の大《おお》御心《みごころ》にかなわず御子《みこ》たる本能の発揚を怠る。ゆえに生成化育の大道に御奉公せんとする者、世の良民万類の上に苦悶の声去らず。ために地上天国、大家族の楽天楽土をきたさんと願い、天地国土完成への大禊《みそぎ》により、宇宙魂を磨き、顕幽神三界を守り、和合への大道たる武産《たけむす》合気をもって律法条理の明示、真実の和であるところの本義を満たして、喪屋をつくらぬよう反矢に会わぬよう願う。

人生は一日の内にも喜怒哀楽、春夏秋冬、岩戸閉めあり、岩戸開きあり。一刻一刻と天の進化に従いて、生長また破敗、天に従うようにし、また一元の経綸活力に天火結水地あり、奇魂《くしたま》、荒魂《あらたま》、和魂《にぎたま》みな、それぞれ一元からでる働きにして八力の引力魂線、紋理等も、みな大御親《おおみおや》の真相である。一日もはやく武神の御心にかない奉り、大愛護の心をもって、六合《りくごう》万界、そして生きとし生けるものの喜びの大声に迎えられる日を楽しみに、武神の御子《みこ》たる務めを全うするようにみなに願うものである。

武産《たけむす》合気は大生霊で、大神のたてたる道だから反矢の心はない。武産合気は桃の実の養成であり、多宝仏塔など、国祖の大神の御代と完成され、光を放つものである。国祖の大神の御稜威《みいつ》により五代、七代の大御業を神習い須佐之男《すさのお》の大神、建御雷《たけみかずち》の大神、経津主《ふつぬし》の大神、速武産《はやたけむす》の大神、猿田毘古《さるたひこ》の大神を奉じ、天地八百万《やおよろず》の神など、総動員のもとに合気道は完成されていくのである。ここに明示として、

「道主の言の葉は神よりの言なれば明らかに受けいれること、至難や、遠きの人は一日でも一時でも、常盛の真の実行相を学びとられよ」

世界に身を化生され、生成化育の大道を営み、幸いにも、これの達成にはよきときなり、

吾人は世のため己が霊魂を磨き、光華明彩、至善、至道、伊都能売魂《いずのめ》となり、大自然を己れとなし、天の使命に御奉公しなくてはならぬと思う。いたずらに理道を穢《けが》し悪汚《あくお》の鏡を我が国土の上に写さぬよう世界の鏡となり、よき指標となり善の形を示し、和のため、鏡となり、宇宙の平和な姿を地上に実行していく。

武人、すなわち武道家は武神より賦課されたこの有意義な大使命を果たすことによって平和な人類、聖《きよ》い世界を形成させることが出来る、これが和合である。

禊は合気である

地球のことは、つまり伊耶那岐大神《いざなぎのおおかみ》のことであり、その地球の魂というのは伊耶那美大神《いざなみのおおかみ》であろうと存ずる次第である。地球も宇宙も一つとして考えなければならない時節である。

魄と魂の、魄というのはいつも話しているように物の霊を魄というのである。魄と自分の身の内、すなわち魂のことである。魂の世界の力、これは禊《みそぎ》の行によって磨かねばならぬ。禊《みそぎ》がなければ立派な世の中がつくれないということである。

禊《みそぎ》というのは、言霊《ことだま》から解釈すれば「ミ」は水なり、大陰なり、充なり、実なり、道なり、珠《たま》となるなり。「ソ」は風の種なり、身の衣服なり、「ス」をつつみとるなり。「キ」は活き貫くなり、白くなるなり、色を失なうなり、万《よろず》に渡るなり。要するに、あらゆる穢《けが》れを清め、塵埃を払い清浄無垢の世の中を玉成《ぎょくせい》し、虚栄虚飾を去り、万事にわたり充実し、活気臨々たる神徳を発揮し、宇内《うだい》一点の妖邪をとどめざるを、この世界に行なわなければならない。

合気の目的もまた、この禊《みそぎ》を実行することにある。禊《みそぎ》は合気であり、合気は禊《みそぎ》から始める。それが地球修理の組織をこわさないようにする「武」でなければならない。そこで合気というのは、宇宙の受霊《うけひ》によって結ばれたのである。

くわしほこ　ちたるの国の生魂《いくたま》や　うけひに結ぶ　神のさむはら
そのかみのさむはらという神さま、すなわち天之村雲の剣《つるぎ》のことである。天之村雲ということは、いいかえれば宇宙の気、淤能碁呂《おのころ》島の気、森羅万象の阿吽《あうん》の気を貫ね貫ぬいて自分の魂の気によって、そっくりそれを結んで……。それが天之村雲の剣《つるぎ》である。あらゆる昔からの神剣発動の根本になっているのである。

私はいつも稽古しているが、まず立つ所に天盤、地盤のふみをもって霊系の祖と体系の祖を左の足に、ずっとそこの国まで突き戻して、常立《とこたち》の姿に宇宙一杯に気の姿を拡げているのである。

造り主に神習う

魂の気というのは、宇宙組織の気である。造り主のことである。この造り主の大神様に神習うてやっていくことである。その次には、次に投げ打つところの禊《みそぎ》の神の御名《みな》は道之《みちの》長乳歯神《ながちはのかみ》ということ。こういうこともまた、教えになっている。

我々に対しても、みな人生上の教訓である。地球修理固成の賜物である。この合気は地球修理固成のすべてのものをいただいて、それにより、魂の糸筋を磨き、そして自己に結び、稽古をしていかなければならない。それで「からだ」は五臓五体といって造り主に神習い、足は高御産巣日《たかみむすび》、神産巣日《かみむすび》となって、つまり霊系の祖と体系の祖に神習い、三位一体である。気はちょうど、三角法になっている。そして頭の働きは両手にまかす。これが伊耶那岐《いざなぎ》、伊耶那美《いざなみ》の大神様の気を受け、神習うていかなければならない。そこで「からだ」は五臓五体、造り主に神習う。また足は、胴の動きは両足に持っていかなければならない。これが高御産巣日《たかみむすび》の霊的な祖、これが体的の祖に結んでいかなければならない。

そしてすべての神の御名というものは全部、我々に対する教訓であり、我々の日々実行すべきところの、教えである。日本人も西洋人もない。地球万有はこぞって伊耶那岐《いざなぎ》、伊耶那美《いざなみ》の大神様の御息《みいき》をいただいて、並んで呼吸を営んでいるからである。その後のすべての行ないは地球修理固成のことであり、我々は要するに、この大元素の気をことごとく生みなしてくれた伊耶那岐《いざなぎ》、伊耶那美《いざなみ》の神様に神習い、我々はそれをいただいて人生を営んでいるのである。いいかえれば、また、顕幽神三界というもの、すなわち顕界は、この世の現れた世界。幽界は物の世界、物の魄の世界。それで神界は神の世界である。この顕幽神は一つになって宇宙とともに動いていかなければならない。宇宙の組織をいただいて、自己の魂の糸筋の鏡に、自己を結んで、そして行なわしていただくのである。このひびきをもって、私は皆さんに教えているのである。また、みなさんとともに研究しているのである。

数百億万年前の何もない世界から今日に至るまで、ずっとこのご経綸が、宇宙の造り主のご経綸が、スの御親《みおや》、七十五《ななそいつつ》を生み成して森羅万象を造りたまう。皇御国《すめらみくに》のス、つまりいうと言語学の原則でいっても、スの言葉ですべて七十五《ななそいつつ》を生み成してきている。また、これによって全部の魂が、これでもっている。そういうことになっているのである。それで我々が日々熱心に稽古して道場に立つときは、武の気が左右に巡るのである。すなわち空気を媒介として、立った姿は、これ左足、右足を天盤地盤と踏み分け、宇宙の組織を実行に移し、魂の糸筋を磨いていく。要するにこれを小戸《おど》の神業《かむわざ》という。そこで筑紫《つくし》の日向《ひむか》の橘《たちばな》の小戸の阿波岐《あはぎ》原の斎場に立って、伊耶那岐《いざなぎ》の大神様は黄泉《よもつ》国の穢《けが》れをことごとく排除するにおいては、またこれを除かんことには立派な世の中が成り立たない。美わしい国は出来ないのである。

自己の心を祓い、立て直す

合気は武の大道である。もちろん大道の案内者であるが、全大宇宙の営みの弥栄《いやさか》をはじめことごとく禊《みそぎ》であることを知るべきである。霊の糸筋に障害があれば障害を取り除く。

でなければ魄の働きになる。生命の動きの中に穢《けが》れがあれば、祓わなければならない。その祓う働きも自然界にうつせば、台風となって禊《みそぎ》をしている。これを荒《すさ》ぶという。なお人々の禊《みそぎ》となるには赤玉白玉に神習うことである。

天の息と地の息によって陰陽をつくって陰陽の交流によって万物を生み出すごとく、人もまた大神の御稜威《みいつ》の動きによって生まれてきた。宇宙の妙精《みようせい》をことごとく受けとめている引力の持ち主が人である。人は大地の呼吸と潮の満干《みちひ》をうけとめている。大地の呼吸とともに天の呼吸を受け、その息をことごとく自己の息にして同化し、魂魄を正しく整えるのが人である。すなわち人は全大宇宙を受けとめる経綸の主体となっている。だから人の務めとしてこの世を守り、天の運化に逆らわず物理と精神とを並行し、気体と気体とを正しく打ち揃った体にする御柱《みはしら》とならなければならぬ。合気によって、以上のことを感得し実際に行なっていろいろと整えてゆくことである。

自己の心は自己の心で祓い、御剣を通して本当に自己の心から立て直す。これが大神に神習う心魂の禊《みそぎ》である。世界の大橋となる二度目の岩戸開きである。また神習いては自己の二番目の岩戸開きである。魄の世界を魂の比礼振《ひれふ》りに直すことである。ものをことごとく魂を上にして現わすことである。

今まではもの一方だった。あの人は魄力が強いとかいった。今日は成り行きで魄力の世界である。だから世の中の争いは絶えない。魄力でやってゆくこと、あくまで魂を表に出すことである。魂の力をもって自己を整え、神を表に出して神代を整え、祭政一致の本義に則ることである。

合気は禊である。神のする世直しの姿である。

魄力が強いということは（剣聖といわれる人も魄力は強かった。）戦争がなくならないということである。争いより抜け、大神の御心《みこころ》に復帰すべきである。武とはすべての生成化育を守る愛である。でなければ合気道は真の武にならぬ。合気道は勝ち負けを争う武ではない。

合気道の修業に志す人々は、心の眼を開いて合気によって神の至誠を実際に行なうことである。

この大なる合気の禊《みそぎ》を感得して、実行して大宇宙にとどこおりなく動き、喜んで魂の鍛錬にかからなければならぬ。

心ある人々は合気の声を聞いていただきたい。人を直すことではない。自己の心を直すことである。これが合気なのである。それはまた合気の使命であり、自己自身の使命でなければならぬ。

精神の立て直しは禊から

立て直しの神技は、まず禊《みそぎ》をやる精神の禊である。魂の造り直しである。筑紫《つくし》の日向《ひむか》の橘《たちばな》の小戸《おど》の阿波岐原《あはぎはら》の小戸《おど》の神業《かむわざ》である。天の浮橋に立たされて「ア」は自ずから「メ」は巡る。浮橋の「ウ」は空水にして縦となす、橋の「ハ」は横となす。水火結んで縦横となす、縦横の神業。自然に起きる神技。我々は知育、徳育、常識の涵養と相まって自然に起きる気。気はすべての大王である。そして天盤地盤、高御産巣日大神《たかみむすびのおおかみ》、それから神産巣日大神《かみむすびのおおかみ》、全部結ぶ。結ぶこと貫いて気の仕組みである。五音五感、体は五臓五体という国祖の大神。いうまでもなく合気の道は万有の条理を明示するもので神律神法である。気の修業修錬は須佐之男大神《すさのおのおおかみ》とであり、力の大王ともなり、武道の大王ともなるのである。

「天の村雲九鬼さむはら竜王大神」「天の村雲」とは宇宙、淤能碁呂島《おのころ》、森羅万象の気を貫いて息吹くことをいうのである。「九鬼」とは淤能碁呂《おのころ》島に発生したすべての気である。

伊耶那岐《いざなぎ》、伊耶那美《いざなみ》の大神の島生み、神生みの気も、この気である。「さむはら」とは宇宙の気を整えて世の歪みを正すことである。日月星辰、人体ことごとく気と気の交流によって生まれたものである。ゆえに世界、宇宙の気を調整しなければ邪気を発して、いろいろと災いがおきるのである。この邪気は禊《みそぎ》によって正しくしなければいけない。我が国は古来から、禊祓《みそぎはらい》をもって大儀式を行なって祓う。

我々は人類をはじめとして、宇宙の森羅万象の生物また、宇宙の諸法則を知らずにいることを罪と思わなくてはならない。知らないでいると宇宙の至恩を忘れ、身勝手な心、行動を起こし、本当に罪をつくるのである。だから各自はつとめて身勝手な心、行動を禊《みそ》ぐことが肝要である。禊《みそぎ》は、はじめに述べたように立て直しの神技の始めに行ずるのであるが、禊《みそぎ》をして精神の立て直しをすることは特に合気道を学んでいる各自にお願いしたい。日々、必ず修業してほしいと思う。

私も世のために大いに進んで行こうと思っている。そして大いなる世界を和合したいと思う。

愛のかまえこそ正眼の構え

我々の行ないは八百万《やおよろず》の神々、すなわち天津八百万《あまつやおよろず》、国津八百万《くにつやおよろず》の神々の現われであり、顕幽神三界これをことごとく生かし和合して、腹中に胎蔵、我々を生かすのであります。地球修理固成はいまや人が主体であります。つまり伊耶那岐《いざなぎ》、伊耶那美《いざなみ》の大神の身内がそれを行なうのであります。伊耶那岐《いざなぎ》、伊耶那美《いざなみ》の大神が化身なされて、はじめて地球修理固成をしました。それ以前には大虚空の、霊界の修理固成をなされたのでありますが、いまや人が地球修理固成をする段階にきているのであります。

我々は行なっていかなければなりません。すなわち古事記の御精神をことごとく、全部自己の心に写しとって、心に結んでこれを行なうことであります。

合気は天《あめ》の浮橋《うきはし》に立たされて、布斗麻邇《ふとまに》の御霊《みたま》、この姿を現わすのであります。これをことごとく技に現わさなければならないのであります。これは伊耶那岐《いざなぎ》、伊耶那美《いざなみ》の大神、成りあわざるものと成りあまれるものと…。

自分の中心を知らなければなりません。自分の中心、大虚空の中心、中心は虚空にあるのであり、自分で書いていき、丸を描く。丸はすべてのものを生み出す力をもっています。全部は丸によって生み出てくるのであります。きりりっと回るからできるのです。

武術は魂さえ、しっかりしていればいくらでもでき、相手をみるのではない。みるから負けるのであります。何時でも円を描きだし、ものを生みだしていかなければならないのです。

武道と神ながらの道、これまでの武道はまだ充分ではありません。今までのものは魄の時代であり、土台固めであったのです。すべてのものを目にみえる世界ばかり追うといけません。それはいつまでたっても争いが絶えないことになるからです。目に見えざる世界を明らかにして、この世に和合をもたらす。それこそ真の武道の完成であります。今までは形と形のものの すれ合いが武道でありましたが、それを土台としまして、すべてを忘れ、そのうえに自分の魂をのせなければなりません。愛の心が無かったなら万有愛護の大精神の大業は成り難く、愛のかまえこそ正眼の構えであります。無形の真理。日本の武道は相手をこしらえてはいけません。武の極意は形ではありません。心は自在に生じ、気は一切を支配する本源であります。このことはすべて猿田毘古大神《さるたひこのおおかみ》のお導きであります。天之村《あめのむら》雲九鬼《くもくき》さむはら竜王、この御名《みな》のなかに合気の技が含まれているのです。

「汝は血縁を結んでおるぞよ」。すなわち私が伊豆能売《いずのめ》の命《みこと》になったわけであります。――伊豆能売《いずのめ》とは経魂たる荒《あら》、和《にぎ》、二魂の主宰する神魂を厳《いづ》の御魂《みたま》といい、緯魂たる奇《くし》、幸《さち》二魂の主宰する神魂を瑞《みづ》の御魂《みたま》といい、厳瑞《いづみづ》合一した至霊魂を伊豆能売《いずのめ》の御魂というのであります。しかし行なわなければなりません。とはいいましても一人では行なえません。皆さんが行なうのです。力は民衆にあり。すなわち須佐之男命《すさのおのみこと》であります。それが人数そのものの大きな力となって動いていく草薙《くさなぎ》の剣の御神剣の発動であります。橘の小戸《おど》の神《かむ》業《わざ》、禊《みそぎ》の技、これが合気道です。

7

神人合一の修業

光と熱とを体得し、真人に完成せしむ

合気道は、人に勝たんがためならず、争いに勝たんがためならず、闘わずして勝つにあらず。無抵抗主義にして、自己に与えられたる天の使命に、自己の使命が打ち勝つことである。その修業の初めにあたり、正勝《まさかつ》、吾勝《あがつ》、勝速日《かつはやひ》の道程から、ありのままに天地の運化へ進むことである。自己の善、また正しさを知り、善や正しさを知らんまで修業せねばならぬのである。

合気道においては、こちらから攻めるということは絶対にない。攻めかかるということは、己れの必勝の自信のいまだ足らざる証拠であり、すなわちその気持ちがすでに己れの精神の負けを感じていることにほかならぬからである。

合気道においては、絶対に相手に無理に逆らおうとはせぬ。相手の攻めかかってくる無謀なる力を全面的に利用して、相手が己れの無謀なる暴力のゆえに自らを抑制することができず、自ら空転して倒れるよう、気・心・体の妙用をもって導くだけの話である。したがって、相手に無謀なる暴力があればあるほど、こちらは楽なのである。

すなわち、戦わずしてすでに勝つところにこそ、合気道が要諦とするところの正勝、吾勝、勝速日の大いなる価値があるのである。

天国の天人は、天国の何《なん》たるかを知らず、天人その者が天国であるからである。

修業は、神人合一を目標とするものなり、しかれども神と人とは質において、同一なるも、量において大小あれば、人は人だけの範囲を越すあたわず。しかれども武の魂は、天地と相通じおれば、ついには、美わしき成果を現出する。修業方法を一言すれば、武は体の変化の極まりなき栄えの道なれば、一をもって万《よろず》にあたる道、一より方法を生み開く草《くさ》薙《なぎ》の剣を練り、その責を完遂、達成せしむることにある。心は常に澄みきりし大空のごとく、大海のごとく、また大山のごとく、また何事も忍ぶべからず。しかるときは最大、最少のことも、すべて生かすべきものなり。

魂が肉体を磨く。気でよける。逃げてはいけない。動きの前に相手の気を押える相手をこしらえては合気になりません。相手の気は相手にまかす。合気は気を練る。念彼《ねんぴ》観音力に申す愛の構えこそ真の構えである。無抵抗主義には大なる修業がいる。しかし心を結ぶには三月《みつき》で足ります。

満天に智恵正覚を豊満せしめて、自己の智恵、身体を錬磨する。そしてはじめて宇宙根元のいわれを知り、そこにはじめて合気となる。

いかに深山幽谷に入って修業しても、自然に反するものは自ら滅びる。合気は自然でなければならない。

天地万有は一家のごとく、一身のごとく過、現、未は我らの生命の呼吸として、一代のごとく、一世のごとく、一年のごとく、一日のごとく、一家庭のごとく歴史をつくりては、人の世の化育を教える。世の完成に進化怠りなきは、我らをして楽天に統一に、また清潔に進展に、いとまなきを常に想う。

合気は日本の武道世界の武道の根元にして万有万神の条理を明示し、天真、地真、物真一致の本義である。これ我が国における民主であり、大自然主義、自由主義なり、武を修める我らは万有愛育の心を忘れず、愛と愛との抱き合せる至誠を守るべし。物の科学はいま世に大なる進歩を修めたる感あるも、精神文化の実在は、いまだならず、人の世は物と精神科学の長短のなき正しく調和せる天地万有の気体と気体の正しく整いし世となれば、この世に人々の争いはなく、和合の世になるべし。それには我らの合気道も天の運化におくれず、物の武道のみにしては達成するにあたわず。物の技は力少し、武の魂魄阿吽《あうん》をもって自己の妙、明らかなる健やかなる力をつくることこそ合気の道である。

諸君は、充分修業し、光と熱とを体得し、誠なる真の人に完成せしむべきなり。さらに修業のうち、優秀になりせば天地自然の法則に則り身心を鍛え、大成せしを期すべきものなり。本日各地では合気が普及しつつあるも、真の合気道精神を光らすべし。これにつとむべきなり。このことは前述のこと肝要なるはもちろんなり。しかして時代を認識して、美わしき楽土の建設が必要なり。

死生を往来して修業の道に入れた

合気の稽古《けいこ》はその主となるものは、気形の稽古と鍛錬法である。気形の真に大なるものが真剣勝負である。武道においては本来、いわゆるスポーツ的試合はない。試合うとすれば生死をかけた試合となる。しかしながら徒らに勝負を求めることは大きな間違いである。実に破壊殺傷は人生の一大罪悪である。

我が国における古よりの武道に対する立法は、殺すなかれ、破るなかれであった。我が国の真の武道は大きく和するの道であり、身心の禊《みそぎ》である。天の規則を地上に打ち立て、人が行なってまず自己をこしらえ、万物を守るのが武の掟である。しかるに今どきの武を講ずる人は往々にして日本の真武を知らず、中古よりの覇道的武道におちいっていることを悲しむ。

＊

「先生はいつも勝ってばかりいられたのですか」

「いやそうではない、わしにも数々の失敗がある。それはみな心弱きための失敗であった」

ある時、伊勢参宮の折りであった。恩師武田惣角先生のお供をして参ったが、自分は荷物をかついで走っていた。その折り、七十いくつかの老婆が横合いから突然出て来た。自分はたたらを踏んでわずかによけることが出来たが、まさに突き当たるところであった。すれすれでくいとめることができたのはまだ幸いであったが、これは武道からいえば負けである。

それから星哲臣に稽古をつけた時のことである。彼は柔道より出た者であるが、気形として前進法を教えている時、急に背負い投げをかけて来たのである。もっともこれは自分の油断であったが、教育の方法としてやっていた時のことである。まさにひっかかった。

「これは――」と思い、上に飛び上り首締めようやくにして倒すことができた。その折りに、たとい教育とはいえ、弟子であってもその精神を見抜いて教えねばならぬ。決して油断してはいけないとしみじみ覚ったものである。しかしこの失敗のお陰で自分はにわかに態勢をつくることを自然におぼえさせられ、以後いかなる急に出遭っても簡単に抑えることが出来た。ここに一つの技術が生まれて来たのである。

入身転換の法を会得すれば、どんな構えでも破っていけるものであり、しかしながら一刀一殺をすることが真の道ではない。合気は和合の術である。

またある時、太田亥十二さんのお世話で神奈川県の警察で合気を見せ、教えに行った。その折り、相手として出てきたのは背の高い柔道の先生であった。説明のつもりでやったところ、反抗したため先方の手首に負傷さした。この折りにも小乗の愛は反って相手のためにならぬし、道にそむくとの精神的の教えをうけ、真に大乗愛に立って仕上げる決心を固めた。

次に各地を巡回中、ある一地方に行った時のことである。漁師町であった。そこに素人相撲で腰のネバリ強い、二十七、八貫、五尺八、九寸はあったと思うが、この男ににわかに勝負をいどまれた。失敗はしないが、手こずった。裸の全身にヌルヌルに汗をかいて容易に摑めない。とにかくするうちに相手も疲れていたのであろうが、手がふれたら指一本で抑えることが出来た。この時、ウナギ摑み、すなわち気でもって相手を抑える、すなわち位づけの妙法を覚ったのである。こうして合気の真の鍛錬法が出来てきたのである。

こういう具合いに枚挙すればいとまのないくらいの失敗もあるが、そのたびごとに妙技を体得、今日の合気を完成していったのである。あるいは木剣でおそわれ、真剣の形をいどまれ、いくども死生を往来し、ついに今日のごとく一個の修業の道に入ることが出来たのである。

天地の真象を無駄に見過ごすな

私が合気道修業者に望むことは、どういうことかというと、この世界のありさまを始終よく眺め、また人々の話をよくきいて、良きところを自分のものに取りいれ、それを土台にし、自分の門をひらいていかなくてはならない。

例えば、天地の真象をよく見て、自らこの真象によって悟る。悟ったらすぐに行なう。

行なったらすぐ反省し、という具合いに順序をたてて、悟っては、反省し、行なっては反省するというようにして、だんだん向上していただきたい。

あるいは谷川の流れを眺めて、たくみに岩の間をぬって流れる水、その姿を見て体の千変万化を習うとか、またありがたいお経のようなものを読んだり聞いたりして、これを武道になおしていくとか、ことごとく天地の真象を眺めて、そして学んでいく。そして悟ったり、反省したり、学んだりを繰り返していかなければいけない。

要するに武道を修業する者は、宇宙の真象を腹中に胎蔵してしまうことが大切で、世界の動きをみてそれから何かを悟り、また書物をみて自分に技として受け入れる。ことごとくみな無駄に見過さないようにしなければいけない。すなわち山川草木ひとつとして師とならないものはないのである。

また、宗教のことをいうといやがる人があるが、これは何も知らないから嫌うので、宗教といえどもことごとく自分に受け入れて、武道になおしてゆけばよいのである。昔、私が帰依したある宗教の歌の中に、「三千世界いちどに開く梅の花」とある。なるほど梅の花というものは五弁の花びらをもつもので、これを地、水、火、風、空という五大を示すものと考えれば、小さな梅の花でも宇宙というものを教えているといえるわけで、大宇宙の本当の魂が表に出たわけである。

すなわち、神話の岩戸開きのようなものである。この世は本当に天地が完成したものであるが、その上にさらにすべてのものに完成を与えなければならん状態にある。つまり顕幽神三界を、一ぺんに開くわけである。

教えは、天地を通じて永遠不変の大道なるがゆえに死後の未来を希求することはない。現在を永遠の内に宿し、永遠を現在のうちに宿して一行一動、神誓神力を発揮して不窮の行為が、永遠不窮に受け保ちいくのである。過去、現在、未来を通じて、永遠にひびく終焉の一語の中に、不窮の大意義があり、教えは、この中にあるのである。

初心者は八光の珠《たま》にあうときは、心眼塞《ふさ》がり、力が弱って、この珠を見極むることは困難である。なお、修業者は内的には反省の心が強くなければいけない。また五情を戒め、武魂を養うことも肝要である。道は霊武と実相武に分けられるけれど、霊武には精神の心と精神の体がつくられ、そしてますます内的に修業すれば、澄みきりし八光の珠を得ることが出来る。霊は光を放つものである。実相武は武魂より生まれ、珠の延長は剣《つるぎ》、兵法となり。さらに進み世の進化とともに天運循環美わしいものと化して科学にも及ぶものである。修業の結果は世と和して、ついには霊武、実相武と合一するときが来るものである。

浮橋に立って言霊の雄叫びをせよ

過去、未来を通じ、永遠に響く一語のなかに不窮の大義あり。遙かに東天を拝し奉り、「遠神笑《とおつかみほほえ》みたまえ」と申し上げ、奉るとき何処《いずこ》にか争いがあろうか。人と人、物と物、あらゆるものの騒ぎは一切息をのんでしまって、天下豊穣の瑞穂国《みずほのくに》はここに現出するなり。教えは、天地を通じて永遠不変の大道なり。ゆえに未来を希求するようなものとは違うなり。現在を永遠のうちに宿し、永遠を現在のうちに宿し、一行一動、神誓神力を発揮し、不窮の行為が永遠不窮に日嗣ぎの御代をうけ保ちゆくなり。

永遠不変の宇宙の完成を造りし大御親《おおみおや》は一霊四魂三元八力の大元霊。いいかえれば一元の御働きは無限大の世界となるべし。大宇宙科学のうちに、人もまた一霊三元八力与えられており、この世界の完成に我らはまた、万類の代表となり、経綸の主体となって止まることなし。そして生成し、正勝吾勝勝速日《まさかつあがつかつはやひ》に天の運化を腹中に胎すべし。しかして己が一霊四魂三元八力の姿態をもって、清浄に融通無碍に緒結びをなし、宇宙の内外に魂を育成して邁進すべし。人は言霊《ことだま》の造りなす凝体身魂なり、その天の一柱なる人は、宇宙の妙精を吸収するなり。緒結びをもって浮橋に立ちて人生行路を修すること肝要なり。神ながら生成化育の大道、天真地真物真の本旨をうけ万界を守り清むべし。しかして最も守りやすい大いなる斎場たる天地から清め、実在の本に和合をとり行なうべし。家族の分身分業として速やかに実行する羅針盤となり、塩となって、光となって目的を遂げるようにすべし。

それには、まず鎮魂帰神の神習いにて神術によって心を練るべし。さらに魂線を清め、言霊《ことだま》の活力を研《と》ぎ、妙なる業を生みて宇宙、魂線を清めて障害なき美しき光明世界のくるように奉公すべし。進んで身魂の錬磨は、みすまるの玉となり、大御親神より授けたまえる真霊をして、ますます光華明彩至善至道の伊都能売《いずのめ》の魂となるべし。仏者のいう多宝塔を樹立し、木花佐久夜毘売《このはなさくやひめ》の命に神習い、三界万界を守り、各界の使命を守らねばならぬ。これ神仏界にいう艮《うしとら》の金神の仕組みを受け、乾《いぬい》、巽《たつみ》の仕組みたる桃の実の育成の実行なり。また顕国の霊研ぐべし。光も熱も力も言霊も、天津神なぎの糸筋も、澄み透り、心の千種はことごとく葉からまたその働きは大木となり、花となり実を結ぶ宿命、そは天地開明の秋なり。宇宙は自己であり、自己は宇宙となって奉公せんとの理念こそ尊い極みなり。

業の発兆を導く血潮が言霊《ことだま》なり。業の発兆をおこすには、言霊の雄叫《おたけ》びが必要なり、浮橋に立って、言霊の雄叫びをせよとの武神の示しである。

八種《やくさ》の雷《いかづち》の居所は、言霊の発兆なり。言霊は五つを使命上を通じて、七つの変化を開き生むの道。右より高御産巣日《たかみむすび》の神の御姿《みすがた》を現わすなり。三十一文字をいう。これが言霊の根元なり。

聖文に言霊を磨き、極め照らす時は、ありとあらゆる物事を説きつくし、その造化の実相を知り得るのみにあらず、極典古事記を天地火水の天津神なぎかけて行ない、千座《ちくら》の置座におき足《たら》はしつくしつつ、盈涸《みちひ》の珠《たま》をつかい奉ること、高良玉垂の神のごとく至るべし。

ここにおいて天津法言《のりと》の天真地真物真の法言《のりと》を宣《の》り尽くす時々は、大祓の辞の真相は現われて、天津神国津神はその道々より神つどいに集い来たりたまいて、天津信《あまつまこと》の事柄を明らかに顕わしたまうや。

かくてこそ誠に尊くくすしき人の位を勝速日の大道につかえ奉る古今の真実を明らかに行ない顕わし得べきなり。

声と肉体と心の統一ができてはじめて技

天地の道理を悟り、顕幽一如、水火の妙体に身心をおき、天地人合気の魂気、すなわち手は宇宙身心一致の働きと化し、上下身囲は熱と光を放つごとく寸隙を作らず、相手をして道の呼吸気勢を与えず、よってもって和し得ることを悟るべし。かく和したる相手に対してはいつも、楽天に自分の心を宇宙の大精神に習い、心魂を鎮め、落ち着き雄大なる気持ちの中に、相手あるいは物をみな包み、道に住するのである。かく対すれば相手の動作を明らかに見抜くことができる。天地より受けたるところの道に相手を導くことが肝要である。たとえば前後左右に引きつけたる場合、相手の魂気を導き、左、あるいは右に進転して、相手を背後より制することができる。そして生死の境を明らかにすべし。いかなることに臨んでも、九分九厘相手の圧迫をうけて死地に入るも明らかなる道はあるべし。技は雷撃電飛よりも早きを要する。これらのことを常に念頭において鍛錬し、相手より圧迫をうけざるように心がくべきものなり。

よく、機先を制するとやらいって、「先《せん》」だの、「先《せん》の先《せん》」だの、「後《ご》の先《せん》」だのと何やら理屈ばかりこねておる者がいるが、格別の意味があるとは思えない。

合気道においては、相手はいるが、相手はいないのである。己れが日頃の修錬のままにおのずから動けば、不思議なことに、相手もその通りに動くようになるものである。私なら私と同じように……。ゆえに、自分が思いのままに日ごろ修錬の技をほどこせば、相手はその技のなすがままになってくれるものである。それが、合気道というものの妙味である。

指一本をもって相手を動けなくすることは、誰にでもよく出来るはずである。

人間の力というものは、その者を中心として五体の届く円を描く、その円内のみが力のおよぶ範囲であり、領域である。いかに腕力が自慢の者であっても、己れのその円の範囲外には力がおよばず、無力となってしまうものである。

すなわち、相手をその者の力のおよばぬ円外において抑えるならば、相手はすでに無力ゆえ、人指し指であろうと小指であろうと、指一本をもって容易にこれを抑えられることになるわけである。

己れはたえず円転しつつ、なお己れの円内に中心をおき、そして逆に、相手を相手の円外に導き出してしまいさえすれば、それですべては決してしまうというわけである。

すべての円を、キリリと描くのである。円に十を書く、その十の上に自己の左右の足で立つのである。それで全部、三角法で進むのである。立ったおりに、右足を動かしてはいけない。左足だけで巡るのである。そして天の気、地の気、要するに天地の気と気結びすることである。

合気では、自己の気と、この宇宙と一体になる。そのやり方を、たえず自己でやるのである。円に十、気の線を描いているのである。合気というものは、宇宙の気と合気しているのである。合気は天の科学である。精神科学の実践を表わしているのである。

天地の呼吸と合し、それに声と心と拍子が一致して言霊《ことだま》となり、一つのものとなって飛びだすことが肝要である。これをさらに肉体と統一する。声と肉体と心の統一が出来てはじめて技が成り立つのである。霊体統一ができて偉大な力を、なおさらに練り、固め、磨きあげていくのが合気の稽古である。こうしてこそ世の中の武の大気魂がその稽古の場所、および身心に及んでくるのである。

天地の教えを稽古を通して描きだす

相手が引こうとしたときには、まず相手をして引く心を起こさしめ、引かすべくしむける。技の鍛錬ができてくると、相手よりも先に相手の不足を満足さすべくこちらから相手の隙《すき》、すなわち不満の場所を見いだして技をかける。この相手の隙を見いだすのが武道である。

真の武道は相手を殲滅《せんめつ》するだけでなく、その相対するところの精神を、相手自ら喜んで無くなさしめるようにしなければならぬ和合のためにするのが真の武道、すなわち合気道である。地上に現われたものと、その精神とが一如となって和合するように日々の稽古をなすべし。手首をとりにきたならば、左足を引いてとらんとする手をもって、相手を導き、一方の手をもって首へ打ちおろす。教えに倒れてあとやむということがあるが、倒れても、なおやまず盛んである初志を貫徹して、やまぬという気持ちでなければならぬ。ことに斯道を鍛錬するときにおいては、人は生き通しの理を悟らねばならぬ、武道はみな天地の教えを描きだすもので、たとえば無数の槍でとりまかれ、押し進んできたときといえども、それを一人とみなしてなす。古人のごとく後に柱や樹木を小楯にすることとは異なる。進んでくる相手の心を小楯に、その真正面に立って突いてくる槍の真中心に、入り身転換の法によって無事に、その囲みを破って安全地帯へでる。かくのごとき周囲を全部、相手にとり巻かれたときといえども、入り身転換の法によって破れざる技で相手を圧迫しなければならない。

この道理をよくくんで、体に描きだして稽古することが肝要で、大勢のときは一人と思い、一人のときは大勢と思い、常に一をもって万にあたるつもりで、隙を与えないようにするように心掛けて稽古することも、また肝要なり。

身心統一に専念し、ひびきの土台を養成

身心統一をして、それからさらに進んで、そして技の発兆の土台となる。それは念で技が無限に発兆するのである。技は宇宙の法則に合していなければならないことはいうまで

もない。それには正しい念がなければならない。この念で正しい稽古を積まなくてはいけない。稽古は自己の念を我欲に結んだら向上はあり得ない。邪道である。念は止まることなく歩むのである。我々は、この念を研ぎ澄まし、大いに活力をつけ身心を統一すべきである。そして宇宙生成化育の道の本旨をうけて、顕幽神三界を守り清めなければならない。

いうまでもなく宇宙生成化育の大道は止《とど》まるところがない。この宇宙の生成化育の大道に神習い、その一元の本と人の本を知ることである。これが分からなくては合気道はいけない。念から拡がった技は宇宙の法則に合すべきであることは前に述べたけれど、そうでないとかえって自己の身にかえり、身を滅ぼす結果となる。念は目前の形にとらわれることなく、宇宙の法則に正しく気結びしていなくてはならない。そして五体に止まってはいけない。顕幽神に結んではじめて生成化育するのである。

五体は宇宙の創造した凝体身魂であるから、宇宙の妙精を吸収し、宇宙と同化しているわけである。武道の奥義は、念を五体から宇宙と気結びし、同化して生死を超越し、宇宙の中心に立つことである。このようにして出た技は、愛の恵みの技となるのである。これは武産《たけむす》合気。これが結びはひびき、それは五体のひびきである。阿吽《あうん》の呼吸である。これは千変万化するのである。これには初めに述べた技の発兆の土台、身心統一が肝要である。

宇宙のひびきと、同一化すること。そして相互交流。この変化が技の本となるのである。すなわち「気の妙用」である。五体と宇宙のひびきの同化。これにより光と熱と力が生まれ、この現象は微妙な妙用である。技は五体のひびきと宇宙のひびきと気結び、緒結びし、千変万化するのであるけれど、我々は五体のひびきから光と熱と力を生じさせるような稽古をし、宇宙のひびきの中の空に技を生み出していかなくてはいけない。また、念は宇宙と争ってはいけない。気が折れるからである。五体の念は、宇宙から切り離しては考えられない。宇宙と争う念を起こすと、必ず身を滅ぼすのである。

念の研磨は、自己の意識しない中に、宇宙と同化することが必要であるから、その方向へと逐時稽古精進することである。大いにまず自己の心を練り、念の活力を研ぎ、身心統一に専心し、ひびきの土台を養成するよう。

このように身心の統一は技の発兆の土台となるが、技はこのようにして宇宙の法則に合しなければいけないのである。宇宙の法則に合した技は止まることなく生成化育の大道を歩み、千変万化の技を生みなすのである。

そして正勝《まさかつ》吾勝《あがつ》勝速日《かつはやひ》をもって、天の運化を腹中に胎蔵して、宇宙と同一化して宇宙の内外に魂を育成、我々の宇宙の本と人の本の一元を知り、すべての中心を確立しなければいけない。

心と肉体と気の三つを宇宙万有の活動と調和

一、己の心を、宇宙万有の活動と調和させる。
二、己の肉体そのものを、宇宙万有の活動と調和させる。
三、心と肉体を一つにむすぶ気を、宇宙万有の活動と調和させる。

であるが、この三つを同時にかね行なうことが必要である。その三つの鍛錬の効果は、宇宙の真理が自ずから理解でき、心は明朗に、肉体は健康になるようになり、この世のすべての不合理、不明朗な問題を、ことごとく解決して、全世界を一大平和境と化すことができる。

過去、真理を説いた宗教家、哲学者は数限りなくあったが、しかしそれに耳をかす人は少なく、かえってそれに反抗して、破壊的な武力をもって争う人間の方が、勝利を得てきた。それはなぜか？　それは今までの宗教家、哲学者は、ただ口先だけで「真理」を説いてきたからであって、さきの三つの鍛錬を怠ったからである。

心を宇宙万有の活動と調和させるためには、当然その心を表現する言葉も、宇宙万有の活動と調和しなければならない。すなわち「言葉は神とともにありき」の状態におかなければいけない。そして、その言語を宇宙万有の活動と調和させるためには、その言語と調和した肉体の活動がなければならない。

私は武道を通じて肉体の鍛錬を修業し、その極意をきわめたが、武道を通じて、はじめて宇宙の神髄を摑んだ時、人間は「心」と「肉体」と、それを結ぶ「気」の三つが完全に一致して、しかも宇宙万有の活動と調和しなければいけないと悟った。「気の妙用」によって、個人の心と肉体を調和し、また個人と全宇宙との関係を調和するのである。

もしも「気の妙用」が正しく活用されなければ、その人間の心も、肉体も不健全になるばかりでなく、やがては世界が乱れ、全宇宙が混乱するもととなるのである。

ゆえに「心」と「肉体」と「気」の三つを正しく宇宙万有の活動と調和させることがなおさら必要となってくる。

合気道は真理の道である。合気道の鍛錬は真理の鍛錬であって、神業《かむわざ》を生ずるのである。

「言うは易《やす》く、行うは難《かた》し」のとおり理論屋になってはだめである。実行しなければいけない。

合気道は、三つの鍛錬を実行してこそ、真理の力が身心に加わるのである。

大平和のための鏡となる

大宇宙の根元をもって、すべての和合に精進すべきであります。ここにあたりまして合気道を少し、説明して明らかにいたすゆえんであります。

合気道は日々新しく天の運化とともに古い衣を脱ぎかえて、成長、達成、向上を続けて研修しておるのであります。盲人たる私は武の道をとおして、宇宙万界天地の万象、その真性に学びまして、宇宙に同化し、かつ御姿《みすがた》、御振舞いを身魂に現わすべく、真の修業に専念しております。

研修は合気の道より、ついには天地人和合の理を悟り、宇宙の理道たる使命はことごとく分身分業であります。すなわち宇宙は秩序正しき一家のごとく、また一大巨人のごとく、ますます完成に至大無限、至小無終に、照り輝いているのであります。過去、現在、未来を運化とともに胎蔵しているのであります。そしてますます無限に人類も、千古の昔、過去、現在、未来を胎蔵して、進化成長の道として、世界万有人の一声に統《す》べられたる天の運化であります。ときすでに吾人《ごじん》のうえに至仁至愛の世は進んでいるのであります。仏者のいう「弥勒《みろく》の慈光」を浴びつつも、天地の経綸の主体であります。人類、まだ心の眠り覚めやらず、大御親《おおみおや》は今もあるを、仕組みのもとに、神仏儒前の世界に身を化生され、生成化育の大道を営み守りたまい、幸いたまわりつつあるときであります。

我々は世のため己が霊魂を磨き、そして光華明彩、至善至道、伊都能売《いずのめ》魂となりまして、大自然を自ずから自分と致し、天の使命に御奉公しなくてはなりません。いたずらに理道を穢《けが》し悪汚《あくお》の鏡を、世界のうえに写さぬようにせねばなりません。世界の鏡となり、よき指標となるよう善の形を示し、大平和のための鏡となることであります。また、天の平和な姿を地上に移しましょう。与えられたる世界を……。

ときまさに宇内《うだい》に和合の天の声、雷のごとく人々に眠りを醒《さ》まさせるときであります。夜はすでに明けたのであり和合への道へ……。大御親《おおみおや》の思いも久し、世界完成の目的たる愛の大精神は大虚空から一顕の…「ス」の言霊《ことだま》より七十五声、言霊を生みだし、七十五声をもって、宇宙、世界万有を生みだすのであります。言霊の妙用は一霊四魂三元八力の宇宙の活動……。

「ス」の本を真としてともに分身分業。各自に与えられたる使命に精進すべきであります。

天地人和合の理を悟る

霊眼が開けても、霊耳があっても真に実行しなければならぬことはいうまでもありません。すなわち和の精神をもって世界平和の実現に進むべきであります。合気は日々、新しく天の運化とともに古き衣を脱ぎかえ、成長達成向上を続け、研修しているということは毎度、ここにて説いているのでありますが、合気道は天地の真理を悟り、顕幽神一如、水火の妙体に心身をおいて、天地人合気の魂気すなわち手は宇宙身心一致の動きと化さなければなりません。

さらに天地人和合の理を悟ることです。宇宙の真理のごとくは技に表わすことができます。世界の根元は三元界大虚空の初めの一点、「ス」の言霊より七十五声を生み、これが宇宙世界万有を生みます。「ス」の本源とし、各自の分身分業が与えられております。

天地人和楽の道の合気道　大海原に生けるやまびこ

この山彦の道がわかれば合気は卒業であります。すべて道はあるところまで先達《せんだつ》に導かれますが、それから後は自分で開いてゆくものなのです。キリスト教をはじめ、世界の五大宗教、三大宗教はいずれもみな、この愛を目標にのぼってゆく修業道工夫、方法をいろいろ示したものにほかなりません。

*

合気の道は無限であります。私は七十六歳になりますが、まだまだ修業中であります。合気道においては、天地が修業の場なのです。修業の道には涯《はて》もなく、終わりもない。一生が修業の業であり、無限につづく道の道程であります。なればこそ、この道に志し、この道を往く私たちは、天地の大愛を心とし、万有愛護を己れの使命となし、その使命をまっとうすることを真武の道と心得て、修業せねばならないのであります。

8

道歌

合気にてよろづ力を働かし美《うるは》しき世と安く和すべし

ありがたや伊都《いづ》とみづとの合気十《どう》をしく進め瑞《みづ》の御声《みこえ》に

あるとあれ太刀習って何かせん唯一筋に思ひ斬るべし

神《かん》ながら合気のわざを極むれば如何なる敵も襲うすべなし

神ながら天地《あめつち》のいきにまかせつつ神へのこころをつくせますらを

下段をば陽の心を陰に見て打ち突く剣を清眼と知れ

向上は秘事も稽古もあらばこそ極意のぞむな前ぞ見えたり

左右をば斬るも払うも打ちすてて人の心はすぐに馳せ行け

上段は敵の心を踏み定め陰の心を陽にこそ見れ

上段は吾も上段このままに打ち突く槍をくつして勝つべし

すきもなくたたきつめたる敵の太刀みな打ち捨てて踏み込みて斬れ

前後とは穂先いしづき敵ぞかし槍を小楯《こたて》に斬り込み勝つべし

せん太刀を天に構へて早くつめ打ち逃しなば横に斬るべし

太刀ふるひ前にあるかと襲ひ来る敵の後に吾は立ちけり

立ちむかふ剣の林を導くに小楯《こたて》は敵の心とぞ知れ

魂《たま》のあか破れ衣をとりのぞき天の運化に開き光れよ

中段は敵の心をその中にうつり調子を同じ拳《こぶし》に

敵多勢《たぜい》我をかこみて攻むるとも一人の敵と思ひたたかへ

敵下段同じ構への中段に上り下りに移りかむるな

敵の太刀弱くなさむと思いなばまづ踏み込みて敵を斬るべし

敵人の走り来たりて打つときは一足よけてすぐに斬るべし

取りまきし槍の林に入るときは小楯《こたて》は己が心とぞ知れ

人は皆何とあるとも覚悟して粗惣に太刀を出すべからず

日々《にち》のわざの稽古に心せよ一を以って万《よろず》に当るぞ武夫《ますらを》の道

ふりまはす太刀に目付けて何かせん拳は人の斬るところたれ

まが敵に斬りつけさせて吾が姿後に立ちて敵を斬るべし

誠をばさらに誠に練りあげて顕幽一如の真諦《しんたい》を知れ

又しても行き詰まるたび思ふかな厳《いづ》と瑞《みづ》との有難き道

まよひなば悪しき道にも入りぬべし心の駒に手綱ゆるすな

右手をば陽にあらはし左手は陰にかへして相手みちびけ

道のためまがれる敵をよびさまし言《こと》むけすすめ愛の剣《つるぎ》に

無明とは誰やの人か夕月のいづるも入るも知る人ぞなし

物見をばやといふ声を拍子つつ敵の拍子にうつりかはるな

山水にあたりて立たぬ岩声こそ清くことふる人もなければ

世の初め降し給ひし璽鏡《じきよう》剣《けん》国を建ます神の御心

世の初め降し給ひし武の使命国の守りと君の御声に

呼びさます一人の敵も心せよ多勢の敵は前後左右に

合気とは愛の力の本にして愛は益々栄えゆくべし

合気とは神の御姿御心ぞいづとみづとの御親とほとし

合気とは筆や口にはつくされず言《こと》ぶれせずに悟り行へ

合気とは解けばむつかし道なれどありのままなる天のめぐりよ

合気とは万和合の力なりたゆまず磨け道の人々

朝日さす心もさえて窓により天かけりゆく天照るの吾れ

天かけり光の神は降りたちぬかがやきわたる海の底にも

天かけりやみを照らして降りたちぬ大海原はよろこびの声

天照すみいず輝くこの中に八大力王の雄叫びやせん

天地に気結びなして中に立ち心構えは山彦の道

天地の精魂凝りて十字道世界和楽のむすぶ浮橋

いきいのち廻り栄ゆる世の仕組たまの合気は天の浮橋

一霊の元の御親の御姿は響き光りてそ生《な》りし言霊《ことだま》

伊都の男《を》のこり霊はらふ伊都魂《いづのたま》いかりの中にたける雄武び

古《ふるき》より文武の道は両輪と稽古の徳に身魂《みたま》悟りぬ

現《うつ》し世と神や仏の道守る合気の技は草薙《くさなぎ》ののり

美しきこの天地の御姿は主《ぬし》のつくりし一家なりけり

大御神七十五声を生みなして世の経綸をさづけ給へり

大御親七十五《ななそいつ》つの御情動に世のいとなみはいや栄えぬる

教《おしへ》には打ち突く拍子さとく聞け極意のけいこ表なりけり

己が身にひそめる敵をエイと斬りヤアと物皆イエイと導け

おのころに気結びなして中に立つ心みがけ山彦の道

おのころに常立《とこたち》なして中に生く愛の構えは山彦の道

かんながら練り上りたる御剣はすめよ光れよ神の恵みに

気の御《み》わざ赤白魂《たま》やますみ玉合気の道は小戸の神技《かむわざ》

気の御わざおろちの霊出《ひで》や蜂の霊出たまの霊出ふる武産《たけむす》の道

気の御わざ魂《たま》の鎮《しず》めや禊《みそぎ》技導き給へ天地の神

くわしほこちたるの国の生魂《いくたま》やうけひに結ぶ神のさむはら

声もなく心も見えず神ながら神に問はれて何物もなし

ことだまの宇内にたぎるさむはらの大海原は山彦の道

根元の気はみちみちて乾坤《けんこん》や造化もここにはじめけるかな

三千世界一度に開く梅の花二度の岩戸は開かれにけり

三千年の御親の仕組成り終えぬよさしのままに吾はしとめん

松竹梅錬り清めゆく気の仕組いづこに生《な》るや身変《みかわ》るの火水《いき》
真空と空のむすびのなかりせば合気の道は知るよしもなし
すさの男の玉の剣《つるぎ》は世にいでて東《あずま》の空に光り放てり
主《す》の至愛ひびき生れし大宇宙御営《いとな》みぞ生れ出でたる
主の御親至愛の心大みそら世の営みの本となりぬる
すみきりし鋭く光る御心《みこころ》は悪魔の巣くふすきとてもなし
生死とは目の前なるぞ心得て吾ひくとても敵は許さじ
大宇宙合気の道はもろ人の光となりて世をば開かん
武産《たけむす》は御親の火水《いき》に合気してその営みは岐美の神業《かむわざ》
たたえてもたたえ尽《つき》せぬさむはらの合気の道は小戸の神技

千早ぶる神の仕組の合気十《どう》八大力の神のさむはら

つきさかきより霊《ひ》はらふ伊都能売《いづのめ》のみ親かしこし神のさむはら

常々の技の稽古に心せよ一を以て万に当るぞ修業者の道

つるぎ技筆や口にはつくされず言《こと》ぶれせずに悟り行へ

天地人合気になりし厳《いづ》の道守らせ給へ天地《あめつち》の神

天と地と神と人とをむつまじく結び合はせてみ代を守らん

道人のするどく光る御心は身魂の中にひそむ悪魔に

時は今天火水地や玉の緒の筋を正して立つぞ案内《あない》に

日地月合気になりし橋の上大海原は山彦の道

火と水の合気にくみし橋の上大海原にいける山彦

日々に鍛えて磨きまたにごり雄叫びせんと八大力王

ふとまにと神習ひゆくみそぎ業《わざ》神の立てたる合気なりけり

正勝吾勝御親心《おおみごころ》に合気してすくい活かすはおのが身魂《みたま》ぞ

招きよせ風をおこしてなぎはらい練り直しゆく神の愛気に

むらきもの我鍛えんと浮橋にむすぶ真空神のめぐみに

世を思い嘆きいさいつまた奮いむら雲の光は我に勝速日《かつはやひ》して

世の仕組国の御親の命もて勝速日立つ天の浮橋

世の中を眺めては泣きふがいなさ神の怒りに我は勇みつ

呼びさます一人の相手も心せよ一を以て万に当る丈夫《ますらを》の道

よろづすぢ限り知られぬ合気道世を開くべく人の身魂《みたま》に

すの御言五十鈴の姿いろはうた大地の上を正すさむはら

緒結びの七十五《ななそいつ》つの御姿は合気となりて世をば清めつ

天地人和合の守り合気道大海原は祝《ことほ》ぎの音

あかき血に仕組む言霊此妙技もちろと○《まる》を出だしてぞ生む

六合《りくごう》の内限りなくぞかきめぐりきよめの道は○《まる》ともちろに

あかき血のたぎる言霊姿こそ妙なる道はさむはらのほこ

いきをうけいきをばたてるもののふは愛をいのちと神のさむはら

武とはいえ声もすがたも影もなし神に聞かれて答うすべなし

天地《あめつち》は汝《な》れは合気とひびけども何も知らずに神の手枕

みちたりし神の栄えの大宇宙二度の岩戸は天の浮橋

あとがき

『合気神髄』の編纂を終えた当事者（出版関係者）から「開祖の言わんとされることは非常に魅力的であるが、難解でもある。ついては、生前開祖を理解し、親しくしておられた方々を、二、三紹介していただきたい。その方々にあとがきとしてこの書のパイプ役をお願いするつもりだ」との話があった。

しかしこの依頼が出版の一ヶ月ばかり前で、あまりにも突然であること、さらに開祖と親しくしておられた方は、現在非常に少なく、しかも老境にはいっておられる関係で短期間にこうした原稿をお願いすることは、失礼となり、殆んど不可能に近いこと、またいいかげんな解釈を付け加えては、折角の神髄をそこなうことにもなりかねないとの配慮から、結局、現在道の継承者であり、親子として終生側近《そば》く仕えた立場にある私が、口説き落とされる破目となった。

私自身も決して立派なパイプ役とはいえないだけに、生前開祖と親交のあった人々の言動を紹介しながら、本書に接するための参考にしていただくことにした。

昭和三十年九月二十八日より十月二日にわたる五日間、日本橋高島屋特設道場で、初めて合気道の一般公開演武に踏み切った際、そのプログラムの中で当時㈶合気会の理事長であった富田健治氏（元近衛内閣書記官長、元衆議院議員）は、開祖との関係にふれ、「私は二十数年間植芝大先生の教えを受けて来たが、教えを受けるたびごとに一つか半分、心にしみ透っていくものがあることを覚える。これは身的なものでなく、心的なものである。自然に悟りにまで導いてもらう愛の教えである。私は今後生きている限り、この合気を受けていきたいと思う」と書いておられる。戦前は出色の内務官僚と言われ、山本玄峰老師に師事していた富田氏だけに、その思いがよく表われている。

開祖は一たん入門した人と他の人では、はっきりと区別をつける人であった。それが内弟子ともなると、きびしさはさらに画然としていた。しかし、時としてそのあい間に見せるやさしさは師弟愛の極致というにふさわしい雰囲気をもっていた。

この師弟関係の中で、開祖が感謝の意を含めながら話題とされた人々は非常に少ない。私が耳にした人といえば、竹下勇（元海軍大将）氏、富田健治氏、それに最近日本ゴルフ界の草分け的存在として有名な藤田欽哉氏の三氏ぐらいである。

この三氏の中での一人であり、当時の代表的な知識人でもあった富田氏の言葉は、一層の切実感を帯びて、この書物への接し方を教えているように思われる。

今は亡きある有名な政治家は開祖に接し、「先生は誠に意外性に満ちている。私どもが考えを積み重ねても結論を得ないことを、全く異った観点から一瞬のひらめきにより明示される。先生の前でこざかしい考えは、無意味だ」と言っておられた。

事実いいかげんな学者、ジャーナリストが開祖に理屈めいた質問をしようものなら、全く次元の異った形で煙にまいてしまうことを常としていた。

かつて禅の鈴木大拙先生が開祖を訪ねられたことがある。開祖の演武と道話を見学された鈴木先生は、そのすばらしさに感心されたようであったが、「先生のお話になることは、『古事記』等の神話を引用され、誠に難解である。私は幸い語学に堪能ゆえ、海外の人々に接した時に、先生の考えを紹介するパイプ役を引き受けましょう」と言われたと聞いている。

開祖は天真爛漫、天衣無縫に生き抜いた人ともいえよう。まさに武道の行者ということが出来る。それだけに開祖の交流関係は一種独特であった。画家あり、書道家あり、宗教家あり、一つの枠にはまらない人々が多く、忘れ得ぬ思い出を残している。

こうした開祖のありようを考えると、この書を読まれる方々は、在来の知識で読もうとはされず、体全体で受けとめていかれることが肝要かと思われる。開祖はよく〝山彦《やまびこ》〟という言葉を使われたが、開祖の雄たけびから発するひびきを山彦に接するごとく虚心に受けてこそ理解への一歩が始まると思う。

生前開祖が話しておられたことは、私にとっても難解であった。今にして思えば、父として師として誠に腹立たしいことの連続であったと思う。しかし年月を経て、いくらか当時と変わった目を開いて来たと思われる私にとって、僅かながらからだで理解されはじめたとの自負があり、一段と父への思いをつのらせる今日この頃である。

開祖を思い、その人柄の一端に触れることが、この書の理解につながれば幸甚である。

平成元年師走

植芝吉祥丸

●植芝盛平年譜

明治16年（出生）　合気道開祖、植芝盛平翁、植芝与六の長男として12月14日、現在の和歌山県田辺市元町に生まれる。

明治23年（7歳）　四書五経に親しむ。生家に近い真言宗地蔵寺に日参す。

明治26年（10歳）　宝万寺（秋津村）にて参禅す。

明治28年（12歳）　当時、父与六は村会議員、ある政治問題で反対派が、目に余る行為で父与六に迫るのを見て幼な心にも、正義心を燃やす。10歳頃から武道に関心を抱いていた心をさらに強固にする。

明治30年（14歳）　珠算の講師となる。算数は非常に得意。この年齢の前後までは病弱な体で地元の田辺中学に入学したが、一年足らずで病気のため退学す。しかし武道の関心は深く、しばしば和歌山県に来県する名ある武道家に教えを乞う。この年より各流の武道の遍歴がはじまる。

明治34年（18歳）　大商人を志して上京す。起倒流の戸張滝三郎に師事す。あと大阪にあって心臓脚気のために帰る。

明治35年（19歳）　毎日山野で心身を鍛える。旧家の糸川家の娘はつと結婚す。

明治36年（20歳）　以前とは見違えるような強健で偉丈夫な体と変わる。和歌山31連隊に入隊。日露戦争の得利寺の戦に参加。兵事の余暇に武道を修業す。

明治41年（25歳）　後藤派柳生流柔術の免許を中井正勝氏の手を経て坪井政之輔氏より得る。

明治44年（28歳）　志あって政府募集の北海道開拓民に応募、北海道紋別郡白滝原野に五十五戸の同志を引き連れて移住、広大な土地の開拓に着手す。長女松子、田辺にて生まる。

明治45年（29歳）　紋別郡白滝在北湧別村の村会議員となる。遠軽の久田旅館で大東流柔術の武田惣角氏に会い、教えを乞う。

大正2年（30歳）　人望厚く白滝王なる尊称で近隣から呼ばれる。

大正5年（33歳）　大東流柔術の免許を武田惣角氏から得る。

大正6年（34歳）　長男武盛生まる。

大正7年（35歳）　父与六危篤のために故郷に帰る。途中京都綾部町に立寄り初めて大本教の出口王仁三郎氏に会う。父与六逝去。父の墓前で武道に徹することを誓う。京都綾部町に移住す。武の面とともに、さらに精神的修行に打ち込む。

大正9年（37歳）　京都綾部町本宮山麓に修業道場、植芝塾を開設す。修業に没頭す。次男国治綾部に生まれる。武盛、国治死去す。

大正10年（38歳）　三男吉祥丸綾部に生まれる。（6月27日生）

大正11年（39歳）　「合気」という呼称を天下に公表す。

大正13年（41歳）　出口王仁三郎氏とともに入蒙辛酸をなめる。

大正14年（42歳）　武道の新境涯を開く（開眼す）。本格的に「合気の道」と称して主唱する。東京、あるいは九州地方に出、子弟の訓育にあたる。この年の前後は槍の稽古に専心す。識者の招きで上京し、青山御所などで講習会を開く。

昭和2年（44歳）　一家を挙げて上京す。芝白金猿町の借家を借り道場とす。

昭和3年（45歳）　内海勝二男爵の借家に移転。八畳二間を抜いて道場とす。

昭和4年（46歳）　芝高輪車町の松下氏の借家を借り、八畳二間を抜いて道場とす。当時は合気柔術と呼称す。海軍大学校の武道教授となる。

昭和5年（47歳）　専門道場建設の準備として目白の下落合に借家を借り移転、当時この道場に講道館の嘉納師範が来訪される。

昭和6年（48歳）　現在の新宿区若松町に道場を建設す。皇武館と称す。これより各方面において大いに活躍す。

昭和15年（57歳）　皇武館から寄付行為の認可により財団法人皇武館とす。武道振興委員会臨時委員となる。この年の前後から合気武道と呼称す。

昭和16年（58歳）　茨城県岩間町に野外道場を設置す。

昭和17年（59歳）　合気武道より合気道と呼称す。大いに「道」の発展をはかる。

昭和18年（60歳）　大日本武徳会内に合気道部創設さる。茨城県岩間町に合気神社を建立。

昭和23年（65歳）　財団法人皇武館を改組再編成して、財団法人合気会とす。

昭和27年（69歳）　この年の頃から東京、関西の各所で斯道の普及を大いにはかる。

昭和35年（77歳）　紫綬褒章を合気道創始の功績をもって日本政府より贈られる（11月3日）。

昭和36年（78歳）　ハワイ合気会より招かれて渡布す。

昭和39年（81歳）　勲四等旭日小綬章を合気道創始の功績をもって日本政府より贈られる。

昭和41年（83歳）　ブラジル国のカトリック教アポストリカ・オルトドシア教会大司教から同教会最高名誉称号のカトリック・アポストリカ・オルトドシア教伯爵号が贈られる。

昭和44年（86歳）　合気道を創始し、武道精神を通し、現代スポーツの発展と社会の進歩に寄与した功績をもって和歌山県田辺市名誉市民の称号を贈られる。並びに岩間町名誉町民の称号を贈られる。

昭和44年（86歳）　4月26日午前5時、逝去す。この日、正五位勲三等瑞宝章を生前の合気道創始の功績と、その普及の功により日本政府より贈られる。

※植芝家菩提寺は、和歌山県田辺市稲城町の「真言宗　御室派　正南面山蘇悉地院　高山密寺」（俗に高山寺）である。植芝盛平開祖の生前の名は、「盛平」の他、別名「守高」「常盛」「晴眼」とも称した。戒名は「合気院盛武円融大道士」。

植芝吉祥丸（うえしば・きっしょうまる）
大正 10 年（1921）、合気道開祖・植芝盛平の三男として出生。
本籍、和歌山県田辺市。
昭和 21 年、早稲田大学政経学部政治学科を卒業。
昭和 23 年、（財）合気会本部道場の道場長となる。
昭和 42 年、（財）合気会理事長に就任。
昭和 44 年、開祖逝去により合気道二代道主を継承。
ほかに国際合気道連盟会長、財団法人日本武道館理事、その他多くの要職を務めた。
平成 11 年 1 月、逝去。
著書『合気道開祖　植芝盛平伝』、『合気道の心』、写真集『合気道開祖』（以上、講談社）ほか多数。

合気会（財団法人）
〒 162-0056　東京都新宿区若松町 17-18
Tel：03-3203-9236　Fax：03-3204-8145

新装版 **合気神髄**――合気道開祖・植芝盛平語録

2002 年 9 月 20 日　初　版 初刷発行
2024 年 12 月 20 日　新装版 初刷発行

監　修　植芝吉祥丸
編　者　合気会©

発行者　武田崇元
発行所　八幡書店
〒 142-0051　東京都品川区平塚 2-1-16 KK ビル 5 F
電話番号：03-3785-0881　郵便振替：00180-1-472763
